U0630915

7秒成交

高手签单就是不一样

倪建伟◎著

电子工业出版社
Publishing House of Electronics Industry
北京 · BEIJING

未经许可，不得以任何方式复制或抄袭本书之部分或全部内容。

版权所有，侵权必究。

图书在版编目（CIP）数据

7秒成交：高手签单就是不一样 / 倪建伟著 . -- 北京：电子工业出版社，2023.6

ISBN 978-7-121-45609-1

Ⅰ . ① 7… Ⅱ . ①倪… Ⅲ . ①销售－方法 Ⅳ . ① F713.3

中国国家版本馆 CIP 数据核字（2023）第 084211 号

责任编辑：张振宇 特约编辑：田学清

印　　刷：唐山富达印务有限公司

装　　订：唐山富达印务有限公司

出版发行：电子工业出版社

　　　　　北京市海淀区万寿路 173 信箱　　邮编：100036

开　　本：880×1230　1/32　印张：7.25　　字数：162.4 千字

版　　次：2023 年 6 月第 1 版

印　　次：2024 年 5 月第 13 次印刷

定　　价：39.80 元

凡所购买电子工业出版社图书有缺损问题，请向购买书店调换。若书店售缺，请与本社发行部联系，联系及邮购电话：（010）88254888，88258888。

质量投诉请发邮件至 zlts@phei.com.cn，盗版侵权举报请发邮件至 dbqq@phei.com.cn。

本书咨询联系方式：（010）88254210，influence@phei.com.cn，微信号：yingxianglibook。

CONTENTS

目录

7 秒 成 交
高 手 签 单
就 是 不 一 样

047

第二部分
7秒打动
客户的成
交心法

第一部分

急速破冰，做好成交准备

1

7秒成交

高手签单就是不一样

一、一切为了成交：有效沟通基本法

也许你曾经：

"希望客户快速成交、交钱走人，却总是麻烦不断。"

"获客成本不断提高，流量增加了，订单量却一低再低。"

"希望提高转化率，抓住一个客户就拼命推销。"

…………

如果你有以上任何一种问题或类似的困扰，那么说明你距离成为一个优秀的销售人员还存在一定的距离。

可能有人觉得有些冤枉：销售中遇到这些问题很正常啊，我平时也很努力，怎么就不优秀了呢？

恕我直言，在所有的职业当中，销售是最不以"苦劳"论"功劳"的一行。销售，就是以结果论英雄；销售，就是要成交，而且要快速成交。没有成交结果，再好的过程也是虚无缥缈的镜花水月。

对一个合格的销售人员来说，成交是最终目的，应该用最有效率的方法触动客户的痛点，但在实践中，盲目快进往往会碰钉子。那么，如何才能在短时间内说服对方卸下防备，实现有效沟通呢？

（一）成交高手的秘密

现代管理学之父彼得·德鲁克说过："一个人必须知道该说什么，一个人必须知道什么时候说，一个人必须知道对谁说，一个人必须知道怎么说。"

要想达到快速成交，沟通的目的应该排在第一位，否则两个人的对手戏可能会变成一个人自言自语，自然收效甚微。只有沟通的目的明确了，我们才能更好地采取下一步行动。

有这样一则关于有效沟通的故事：

在美国一个农村，住着一位老人，他有三个儿子。大儿子、二儿子都在城里工作，小儿子和他住在一起。突然有一天，一个人找到这位老人，对他说："尊敬的老人家，我能把您的小儿子带去城里工作吗？"老人气愤地说："不行，绝对不行，你滚出去吧！"这个人接着说："如果我可以给您的小儿子介绍对象，您未来的儿媳妇是洛克菲勒的女儿呢？"老人听后立刻被儿子当上洛克菲勒的女婿这件事打动了。

过了几天，这个人找到美国石油大王洛克菲勒，对他说："尊敬的洛克菲勒先生，我有一个人选适合做您的女婿。"洛克菲勒说："快滚出去吧！"这个人又说："如果我说的这个人是世界银行的副总裁呢？"洛克菲勒想了想，同意了。

又过了几天，这个人找到世界银行的总裁，说道："总裁先生，您应该马上再任命一个副总裁。"总裁笑着说道："不可能，我已经有那么多副总裁了，为什么还要马上任命一个呢？"这个人不慌不忙地说："如果我让您任命的人是洛克菲勒的女婿呢？"总裁眼睛一亮，立刻答应了他的要求。

虽然这则故事的真实性存疑，但是可以给予我们很多重要的启发。例如，故事中那位牵线搭桥的人物，为什么可以只用一句话，就开出一个让对方无法拒绝的条件，轻松把事情办成呢？他到底在沟通中做了哪些事情？

显然，在每次沟通前他都做好了规划，提前布局好，并且在每次沟通前都制定好了目标，以至于他的每次沟通都属于有效的沟通，从而让他迅速达成目的，促成交易。

（二）正面沟通五步走

我们可以通过以下五个步骤实现有效沟通。

第一步：表明我们的立场和态度。

人类是社会性动物，我们需要经常与他人沟通。沟通是人与人、人与群体之间思想感情传递和反馈的过程，我们需要通过沟通来与陌生人建立关系，并在这个过程中得到我们想要的东西。

然而，在这个世界上，大到国际局势、历史事件，小到家长里短、人际交往，每天都有很多因为沟通不到位而产生了纠纷和矛盾的事件，最终酿成大错，销售过程中也是如此。

因此，要想明确沟通的目的，第一件事就是要把事情讲清楚，使双方都明白、理解这件事情。如果一件事情处在非常紧急的状态，那么我们可以先尽量把重点讲明白，以免产生不必要的误会。

第二步：建立信任和人际关系。

作为社会中的一员，每个人都不是孤立的，而是相互联系的。有些关系很重要，有些关系可有可无，有些关系很深，有些关系很浅，每个人追求的生活不一样，追求的人际关系也不一样。

那么，销售人员应如何通过沟通来建立关系，把不重要的关系变得很重要，把浅显的关系变成深度交往的关系呢？这需要一定的技巧。

首先，我们在面对陌生客户的时候，可以通过开放式提问来建立关系，如我们可以用"什么""能不能""为什么"等词语来引导对方回答问题，并详细描述感受和事件，而不是简单地给予"是"或者"不是"这样的答案，这样可以让我们有效地与客户建立良好的关系，拉近彼此的距离。

关于"开放式提问"这一技巧，平常可以多看看访谈类节目，如《杨澜访谈录》《鲁豫有约》等，有助于提升我们的提问技巧。

其次，要具备同理心，学会倾听并赞美对方。

举个例子，一位表演大师上场前，他的弟子告诉他鞋带松了，大师点头致谢，蹲下来仔细系好鞋带，等弟子转身走后，又蹲下来将鞋带松开。

旁人不解地问："大师，您为什么又将鞋带松开呢？"

大师回答道："因为我演的是一位劳累的旅行者，由于长途跋涉，他的鞋带松开了。"

旁人："那您为什么不告诉您的弟子呢？"

大师："他能细心地发现我的鞋带松了，并且很热心地告诉我，我一定要保护好他的热心，及时给予他鼓励，至于为什么鞋带松了，将来会有更多的机会教他表演，可以等到下一次再说啊。"

虽然在现实生活中，很多人都急于表达自我，已经没有耐心倾听他人讲话和包容他人，更别说做到像大师那样具有同理心和智慧了，但别忘了，沟通的目的是建立良好的关系，我们不能把重点放在自己的身上，而是应多考虑对方的感受。

一个优秀的销售人员应该学会解开客户的"心结"，这能为快速成交打下基础。

第三步：协调利益双方。

在成交过程中，如何用沟通来协调各种关系和利益双方呢？这里面有三大技巧。

（1）对沟通产生兴趣，不要表现出冷漠和不耐烦。

客户对产品抵触、没兴趣，可能是由于还没有听明白你的介绍。我们在遇到问题或解决问题的时候，可以先利用提问法将原因弄清楚，再对症下药，尽量排除外在干扰，如"张女士，是因为我刚才有些地方没有解释清楚，所以您说要再考虑一下吗？"。

（2）当双方产生利益纠纷的时候，不要先自我设限并定义对方，更不要妄加评论。

很多时候，成交是因缘聚合的产物，某人在某时间段对某件事情做出了某种决定，是他们当下的反应和理解造成的，我们在感到受挫之前，不妨先去考虑对方为什么会做出这样的决定，从而学会站在对方的角度考虑和解答问题，并明确告诉对方。

当我们学会站在对方的角度与对方进行沟通的时候，其实沟通就已经成功了一大半。比如，销售人员在面对合作单位采购经理削减年度采购成本的时候，可以这样说："张经理，我们非常理解您这个决定，贵公司受到大环境影响，又由于扩张太快，导致经营受到影响，如果换作是我们，也会做出同样的决定。"

理解并接纳是双方建立关系、协调利益的敲门砖，如果你做不到理解对方，那么关系很可能就建立不起来，更何谈去协调利益呢？

（3）要耐心倾听，少讲多听。

在倾听的过程中，我们可以找到对方的需求点，进而协调双方的利益。有些利益关系需要我们在提问中寻找答案，那么问题从哪里来？就是要通过与对方保持沟通，在倾听中找到关键因素，并试着满足对方之前没有被满足的需求点，以此作为突破，更好地协调双方的利益关系。

第四步：表达情感需求。

情感是我们一切行为的原动力，甚至会影响我们的判断力、决策力。在生活中，我们需要用沟通来加深彼此的感情；在销售中，我们同样需要。

那么，如何用沟通加深感情呢？

（1）与客户保持联系，定期拜访客户。

有的销售人员拜访客户的频率非常低，有的销售人员甚至有事情时才会去客户那里，这不免让客户觉得你在按规章制度办事情，使关系变得生疏。因此，拜访客户的频率应适当，让客户觉得和你见面就像和老朋友见面一样，这样彼此的感情自然就加深了。

（2）制造一些让客户意想不到的惊喜。

巴菲特曾说过："能让客户感到惊喜的企业相当于拥有一个免费的销售团队，你看不见他们，但是他们无时无刻不在替你宣传。"

是的，让客户感到惊喜就是有这样的威力。比如，以超强服务著称的海底捞深受大众欢迎，为什么很多火锅店没有海底捞做得好？最主要的原因就是没有给客户制造惊喜。在成交过程中，很多平常的问候不见得会加深彼此的感情，但是人人都喜欢惊喜，一旦你给予对方惊喜，就会让对方快速记住你，自然也会在心理上和你加深关系。

第五步：为下一次沟通建好链接。

有些人认为沟通是一次性工作，其实不然。沟通是一个连续的过程，往往一次好的沟通，可以换来客户与我们持续联系。

因此，在一次沟通结束后，就可以为下一次沟通建好链接。比如，当我们拜访完客户之后，可以在回去的路上给客户发信息，表达我们对客户的感激之情，如"张工，您好，感谢您抽出时间来与我交谈，这次的交谈让我备受鼓舞，受到了很大的启发，希望张工有时间可以光临指导我们公司"。

这则沟通短信既很好地总结了这次的拜访，又为下一次沟通埋下了伏笔，起到了承上启下的作用。

综上所述，快速成交是一项技术活。不管你会不会沟通，沟通的技巧是否精湛，都可以在成交的过程中参考以上五个步骤，找到突破口、切入点，把精力和时间用到关键之处，从而达到事半功倍的效果。

二、"四心三态"：快速锁定成交客户

在成交的准备阶段，每个销售人员的时间都非常宝贵，对客户来说同样如此。我见过很多销售业绩不佳的销售人员，不是他们的产品不行，也不是他们没有掌握销售技巧，但就是没有"抓人"的能力，即使面对潜在的客户，也无法顺利达到理想的效果。

究其原因，是销售人员还没有从内心做好成交的准备，从而导致没有获得成交的结果。那么，要想达到成交的目的，我们应该如何将心态调整得与客户同频呢？

（一）超级销售攻心术

如何快速了解一个陌生人？如何在茫茫人海中挑选目标客户？评价他人的理论依据是什么？你认为客户选择你的原因是什么？

在回答以上问题之前，请先拿出一张纸和一支笔，在纸上画出不同的圆圈，再在上面写上你认为自己身上存在的一些品质，接下来找到你的家人或同事，来简单描绘一下你在他们心中的形象。

对比一下，你在外界呈现出来的形象与你自己描绘的品质是否相符？相似程度能达到多少（百分比）？

我相信你一定会得到一个意想不到的答案。在现实生活中，我们总是将自己的想法投射到外界，进而得出一个主观的结论，这种思维上的偏差使得我们在很多时候无法从客观的角度去评价他人，因为我们在评价他人时使用的框架是有局限性的。

为了避免在成交过程中受到这种局限性思维的影响，我们需要学会从多角度看待这个世界上的人和物，只有我们客观地去了解他人，才会顺利地与其交往，并能一起合作共事。那么，怎样客观地了解他人呢？

我们要做好"四心"准备，也就是热心、好奇心、信心、诚心。

美国文学家爱默生曾经写道："人要是没有热情是干不成大事的。"著名诗人乌尔曼曾经说过："年年岁岁只在你的额头上留下皱纹，但你在生活中如果缺少热情，你的心灵就会布满皱纹。"

热心、热情是我们生活中必不可少的元素，对做销售的小伙伴来讲更是成交的敲门砖，具有热心、热情的好处主要有以下几点。

第一，可以把陌生人变成朋友，把朋友变成亲人。

在电视剧《三国演义》中，有一位叫鲁肃的人物，他文武双全，在年少时就看出天下大势，在家中苦练箭术。有一次，周瑜带了几百人从鲁肃门前经过，因粮草短缺，便向鲁肃借粮。虽然鲁肃自己的物资并不充裕，但他还是把仅有的两囤米分给了周瑜一半，周瑜十分感激鲁肃的雪中送炭，两人结为好友。后来，周瑜向孙权推荐了鲁肃，与其一起共事。

可以想见，假如当时鲁肃没有热心地帮助周瑜，便不会有后面两个人的惺惺相惜，更不可能有著名的《榻上策》，只会变成两个陌生人之间的擦肩而过。

热心可以拉近人与人之间的关系，甚至可以把陌生的两个人变成朋友。

我给大家讲一则真实的故事。有一次，我在雨天去拜访一位客户。当我走在路上的时候，正巧看见一位女士和几位男士往汽车方向跑，而我正好走到了汽车旁边，于是我顺手为这位女士打开了车门。后来，正是以这件事为契机，我顺利地完成了销售任务。在生活中，这样的机会比比皆是，只要我们处处留心、保有热心，就能把握住机会。

第二，可以让我们精力更加充沛、气血更足。

在人际交往中，热心的人总是更容易与周围的人打成一片。在销售工作中，这种积极的态度也能够让人更有气场、人气更旺，从而帮助我们链接到更多的资源，离成交也会更近一步。

为了让自己在成交前保持积极的状态，还要具备好奇心。

可能很多人觉得，在工作中要有界限感，好奇心太重会冒犯他人。在这里，我们要分清"好奇心"与"八卦"的区别，对销售人员来说，拥有好奇心并不是要去窥探他人的隐私，而是让自己保持活力和清醒的一种方式。

凡事多问、多想、多看、多做，好奇心可以让我们对世界始终保有一份谦虚和谨慎，帮助我们不断成长。这种对自我的不断充实，对问题的不断追问，对世界的不断思考，对人群的不断探索，正是一名出色的销售人员所必备的特质。

有些销售人员总觉得很多事情是理所当然的，解决问题的时候难免思想单一、方法俗套，因此我们要学会多问几个为什么，学着从不同侧面去观察和了解世间万物，这样才能让我们不管面对什么类型的客户，都能使其产生耳目一新的感觉。

有了好奇心就足够了吗？不！你还要有信心！

罗曼·罗兰说过："先相信你自己，然后他人才会相信你。"信心是一股能量，可以产生神奇的效果。有信心的人在与他人交往的过程中总能神采奕奕、光彩照人，让人不知不觉被其感染。

对销售人员来说，成交的过程其实是信心传递与情感转移的过程，客户会通过我们的言行举止来对产品做出判断，而胜券在握的状态是调动客户积极性、引起客户共鸣的绝佳武器。即使你屡屡碰壁，也不要灰心丧气，试着将每次沟通当成展示自己的舞台，将自己的状态调整到巅峰状态，你也许会惊讶地发现，结果已经在悄然改变。

此外，销售人员还要有诚心待人的品格，只有先提高自己的可信度，他人才愿意与你打交道。

秦朝末年，楚国有一个叫季布的人，他为人耿直，并且一诺千金，只要他答应的事情，就一定会努力办到，因此深受大家爱戴。后来，刘邦建立了汉朝，由于季布曾是项羽军中将领，便下令捉拿季布，还放出话去，凡是抓到季布的人赏黄金千两，故意窝藏则要灭三族。然而，由于季布平日待人赤诚，朋友们都仗义相助。

起初，季布躲在好友家中，由于风声紧，朋友便将他装扮成奴隶卖到鲁国的朱家当劳工。朱家人很欣赏季布的品格，专程去洛阳请刘邦的好友为他求情，希望刘邦能撤销追杀令，最终刘邦真的赦免了季布，还给他封了官职。后来，有一位名叫曹丘生的人拜见季布，但季布见到他非常反感，曹丘生不慌不忙地说道："人们常说'得黄金万两不如得季布一诺'，这句话是我到处宣扬您的结果，可是您为什么拒绝见我呢？"季布听后顿时改变了态度，将他奉为座上宾。

在销售中也是如此，销售人员要具有诚心，也就是要以真诚的态度对待每个人，站在客户的立场上思考问题，做到实事求是、说话算话，这样才能建立起自己的口碑，让对方从消极抗拒转变为主动配合，业绩自然水到渠成。

反观如今很多人为了完成销售任务，采用哄骗的套路诱使客户下单，更有甚者为了成交不择手段，成交前说得天花乱坠，成交后成了甩手掌柜，这样自断后路的销售方法又怎么会带来长期效益呢？

（二）气场决定成败

著名心理学家马斯洛曾说过这样一句话："心态若改变，态度跟着改变；态度改变，习惯跟着改变；习惯改变，性格跟着改变；性格改变，人生就跟着改变。"

在生活中，我们对一件事情的态度往往决定着这件事情对我们的影响。良好的心态在成交过程中扮演着什么样的角色呢？

第一，态度决定着我们视野的广度。

美国西点军校有句脍炙人口的名言，叫"态度决定一切"。在这个世界上，没有什么事情是做不好的，关键在于你的态度。如果在事情还没有开始之前，你就在脑子里给它定位为"不可能成功"，那么它当然不会朝好的方向发展。

尤其对初级销售人员来讲，面对陌生的客户、陌生的拜访，态度对销售结果具有决定性作用。

有这样一则故事。三个工人在砌一面墙，有个好管闲事的人过来问："你们在干什么？"第一个工人不耐烦地说："没看见吗？我们在砌墙。"第二个工人说："我们在盖一幢楼房。"第三个工人则认真地说道："我们在建一座城市。"

十年后，第一个工人依然在工地上砌墙，第二个工人成了工程师，第三个工人呢？他成了一家房地产公司的总裁。

是什么导致三个工人命运的不同呢？就是他们在面对工作时截然不同的态度，态度决定了他们的眼界和成长的高度。因此，销售人员在销售过程中一定要把态度摆正，积极的态度能产生好的驱动力，结果自然不会差。

第二，良好的心态会打破我们原有的认知框架，从而使我们从不同的角度去看待这个世界。

受主观思维的限制，我们每个人都有自己固定的认知框架，它将我们局限在自己的小小世界之中。然而，若你拥有良好的心态，就相当于比他人多了一份解读事物的能力。随着认知框架的打破，你可以同时获得包容心和耐心，进而更好地与他人相处，顺利达成交易。

除了良好的心态，一个人的状态也很重要。我经常听到有小伙伴抱怨，因为自己状态不好导致成交失败。那么，什么样的状态才能带来好的结果呢？

从概念上来说，状态分为两个方面：一个是自身的内在环境，另一个是个人所处的外在环境。

第一，自身的内在环境，包括一个人的相貌特征、动作、神情等。

"一年之计在于春，一日之计在于晨。"要想知道某天自己的状态好不好，从起床时的状态就可以做出判断：如果你早晨起床毫不费力，听到闹铃声可以马上起床，还可以周而复始地坚持，那么说明你不仅自律，生活状态也非常好！

如果你最近状态不好，甚至对一切都失去了热情，不妨试试以下方法，将自己从颓废的状态中解救出来。比如，当你完成一项工作之后，可以适当地奖励自己，让心情进入正向循环；又如，你可以每天抽出15至30分钟来刻意让自己保持良好的状态，不要让低落的情绪持续太久。

第二，所处的外在环境。

我们都是环境的产物，在什么样的环境当中，我们往往就会具有什么样的状态。

这里比较典型的故事是《孟母三迁》。孟母为了给孩子提供一个良好的成长环境，带着孩子几次搬家，后来将家安在了学宫旁边，潜移默化间起到了教育的作用，最终孟子成长为一代大儒。

从这则故事我们可以看出，外在环境对一个人的心态具有巨大的影响。那么，将其放在销售领域可以给我们带来什么启发呢？举个例子，如果你发觉自己的状态不好，一直搞不定客户，那么可以试着改变一下自己所处的环境，带客户去环境优美的咖啡馆或把客户约到风景秀丽的室外，也许会得到意想不到的结果。

此外，你在成交过程中，有没有遇到过以下问题：客户明明昨天答应了签合同今天却变卦了；客户的承诺没有兑现；业务做到一半客户要求解除合同……

对销售人员来说，在成交的最后一步功亏一篑，实在令人扼腕。然而，这并不代表事情完全没有转机。

在互联网快速发展的今天，很多事情瞬息万变，这就需要我们在成交过程中做好动态管理，根据内外部环境的变化及时调整销售策略和销售思路。我们不能守株待兔，更不能一条路走到黑，凡事都要做两手准备，"鱼"和"熊掌"都要考虑在内。

第一，我们要密切关注客户及其公司的变化，随时更新进度，做到信息随时触达。

第二，我们要学会在动态中协调关系，调和各方利益。

日剧《卖房子的女人》中有这样一个情节。一对年轻夫妇来看房子，他们对房子整体比较满意，但妻子觉得厨房太小，金牌销售莞尔一笑："想象一下，孩子在院子里玩累了回家，一进门就有热腾腾的饭菜，这种感觉多好！"后来，他们又觉得主卧的高度不够，金牌销售诚恳地说道："孩子的童年只有一次，相比室内，我们是不是应该给他们更好的活动空间呢？这套房子的庭院是附近最好的，可以让孩子每天都在户外自由奔跑，这种感觉多棒！"于是，这对夫妻不再纠结，当场订购了这套房子。

天底下没有完美的销售方案，但是客户购买前一定有某种期待，这就需要我们学会在动态中调整销售策略，协调利益双方。

一名合格的销售人员可以追求快速成交，但千万不要急于求成。每次在面见客户之前，我们都需要检查自己有没有做好"四心（热心、好奇心、信心、诚心）三态（心态、状态、动态）"准备。

俗话说"磨刀不误砍柴工"，平常多做自我提升练习，关键时刻才能出手不凡，你才会比他人多一些机会，成功的概率才会更高！

三、一锤定音：十分难搞的客户也会爽快下单

商业的本质是交易，是人与人、人与物品、物品与物品之间发生关系和链接的系统。销售人员是保证这一系统正常运行的关键。

任何系统都不是十全十美的，你在工作中遇到的那些十分难搞的客户，就是影响这一系统正常运行的"Bug"一样的存在，任凭你说得口干舌燥，对方都无动于衷，甚至还会给你一个鄙夷的眼神，让你深受打击。面对这种客户，有些人会选择直接放弃，把他们从成交名单中剔除，但还有些人会选择另一种办法，让他们直接下单。

（一）97%的信赖 > 3%的成交

如果你在街上遇到一个陌生人，他给了你一个苹果，你会吃吗？

如果你在平安夜的晚上走在街上，一个陌生人给了你一个苹果，你会吃吗？

如果在平安夜的晚上，你的同事在街上遇到了你并给了你一个苹果，你会吃吗？

我相信，大多数人都会拒绝吃第一个苹果，考虑是否吃第二个苹果，毫不犹豫地吃第三个苹果。

如果我们把这一过程看作一场交易，把接受苹果当作交易的结果，那么请思考一下，是什么影响了你的决定，最终产生了成交的结果呢？

答案很简单：交易成功的前提是信任。没有信任，一切都无从谈起。

因为信任，我们可以和熟人进行交易；因为信任，我们可以和从未见过面的陌生人进行交易。随着互联网的发展，信用网络的建立将信任这一抽象事物具象化，给我们带来很多便利，你甚至可以在网络上通过自己的信用分数来为手机充值。

在销售行业中，信任是一切成交的基础，也是我们行为模式的导航，就像我在前文提到的：苹果没有变，但随着场景、环境、人物的改变，你的行为模式会跟着发生改变。因为在这个过程中，加入了"信任"这一重要元素，我们会因为相信他人而改变自己的行为，信任是我们与他人产生关系的重要因素。

1988年10月15日，沃伦·巴菲特在佛罗里达大学商学院所做的演讲中提到了一个经典的投资案例。

发源于美国的迪士尼公司是全球知名的多元化传媒公司，它旗下的招牌产品，诸如米老鼠、唐老鸭等卡通形象是全球少年儿童的伙伴和无数人的青春回忆，由这些卡通形象制成的电影、玩具、录像带通过各种渠道源源不断地售出。这就产生了一个问题：为什么人们不买别家的产品，而是选择迪士尼？迪士尼的竞争优势在哪里呢？

对此，沃伦·巴菲特用一个简单的购物场景剖析了消费者成交的心理动机。一个母亲为了安抚孩子，打算购买一部动画片录像带给孩子看。这时，摆在她面前的有两个选择：一个是迪士尼的录像带，售价17.95美元；另一个是无名公司的录像带，售价16.95美元。虽然后者比前者便宜1美元，但如果买回去孩子不喜欢，所有钱就白花了。这个时候，母亲会冒着风险选择节省1美元吗？不会，她会毫不犹豫地选择迪士尼的录像带，这1美元体现出来的就是消费者对产品的信任，这种信任正是迪士尼成为传奇品牌的重要基石。

（二）让情感流动起来

信任是经济构建和交易系统正常运行的"润滑剂"。无论是对一个品牌，还是对一个想要打造个人品牌的销售人员来讲，与客户建立信任都至关重要。那么，怎样通过建立信任迅速与客户产生链接呢？

这就需要我们了解信任三要素的具体内容。

1.挖掘客户需求，提供独特价值

你敢不敢相信一个人能在90天内，用100美元创造75万美元（目标是100万美元）的财富？

在一个名为《富豪谷底翻身》的真人秀节目中，讲述了美国富豪格伦·史登斯创造这一奇迹的故事。在节目中，格伦要离开自己的舒适区隐姓埋名，在节目组挑选的城市中工作、创业，留给他的东西只有100美元、一部手机及一辆老旧的小货车。

面对这样苛刻的条件，格伦是如何做的呢？在满足了基本吃住需求后，他开始边打工边创业，并选择了自己的老本行——销售。格伦认为，要想做好销售，首先要确定买家，然后根据买家的需求来寻找合适的产品。于是，他在仔细研究当地的网站之后，发现有人想要用400美元购买工业用车的轮胎，因为全新的轮胎价格高昂，这让格伦发现了商机。

几经周转，他终于在铁路边上找到了工业轮胎，并将其成功卖出赚了1500美元，为自己赚到了第一桶金。随后，格伦发现当地啤酒的销售业绩特别好，烧烤店的生意也特别不错，然而要想开啤酒厂需要很多手续且时间紧迫，于是他转换思路，选择开一家别具特色的烧烤店，并与啤酒厂开展合作。

就这样，90天后，格伦的烧烤店被评估师估值75万美元，虽然离目标100万美元还差25万美元，但是他的销售思路及思考模式可以给我们带来重要启发，那就是在开启销售的时候，要先了解人们的需求而非寻找产品。

很多小伙伴抱怨销售行业很难，正是因为做销售的流程不对，很多人本能地认为"只要我们有产品，就一定会产生交易"，其实不然，只有先有需求，才能顺利完成销售任务。

因此，快速成交的前提是挖掘客户的需求，并提供自己的价值，这样才可以与陌生人建立信任并完成交易。

2.打造个人品牌，提升专业度

假设你去一家电器商店买小家电，店员给你推荐了三款产品，一款没有牌子，一款是杂牌，一款是知名品牌，在价格相同的情况下你会选择哪一款产品呢？

不出意外，你会选择知名品牌的产品，因为这一品牌的存在给消费者提供了质量保证。同理，如果作为销售人员的我们可以打造一个个人销售品牌，提升自己的专业度，那么也会赢得客户的信任，使交易轻松完成。

有一次，在与客户聊天时，客户问了我一个非常专业的问题，而这个问题恰好我平时跟工程师讨论过，便立刻轻松地给出了答案。没想到，这一举动给客户留下了深刻的印象，合同因此顺利签订。在这个过程中，我正是用专业度赢得了客户的信任。

除此以外，提升个人的专业度还可以对外提高你的价值，对内提升你的专业能力和素养，可谓有百利而无一害。

相传，在美国标准石油公司里，有一位名叫阿基勃特的小职员，作为公司里的基层销售人员，他渺小得就像一颗螺丝钉。然而，无论他走到哪里，凡是需要签名的地方，他都会在名字后面加上一句"每桶4美元的标准石油"。久而久之，同事们都戏称他"4美元"。过了一段时间，这件事传到了公司董事长洛克菲勒耳中，他对此非常赞赏，特意邀请阿基勃特共进晚餐，并询问他这么做的原因。

阿基勃特说："这不是公司的宣传口号吗？我是公司的一员，我多写一次不就多些人知道吗？"后来，洛克菲勒退位，第二任董事长便是这位将"专业"进行到底的阿基勃特。

阿基勃特的小小举动代表的是他的专业素养和积极态度，因此小伙伴们一定要深耕专业，使自己成为行业专家，在日常生活中多体现自己的专业素养，这样容易成为客户的不二之选，在公司里也会更容易得到领导重任。

3. 做时间的朋友

俗话说"罗马不是一天建成的"，建立信任同样需要付出一定的时间。

作家格拉德威尔在《异类》一书中提出了"10 000小时定

律",指出人们眼中的天才之所以卓越,并非天资超人一等,而是付出了持续不断的努力,10 000小时的锤炼是任何人从平凡变成大师的必要条件。

按照这一定律计算,要成为某个领域的专家,需要10 000小时,也就是说,如果我们每天工作8小时,一周工作5天,那么要想成为某个领域的专家至少需要5年的时间。这恰巧与销售里的一句名言"三年入行,五年懂行,十年成王"所提到的时间不谋而合。

曾经有小伙伴问我,如何快速与客户成为朋友?我说多去拜访客户,他自然就会成为你的朋友。这是时间的魔力,也是我们中国人讲的"见面三分情"。不管多么生疏的两个人,只要经常见面,多接触、多沟通,就可以拉近彼此的距离,达到改善双方关系的目的,进而建立信任并成为朋友。

因此,刚从事销售工作的小伙伴千万不要仅给客户打电话、发信息,简单的电话沟通不会产生太大的效果,你应该身体力行地多去拜访客户,经常与客户见面,这样你们之间的关系才会发生实质性的变化。

在拜访客户时要注意以下几点。

第一,要循序渐进。有的小伙伴非常热情,一见客户就表忠心、谈利益,这其实是不可取的,你的热情可以保持,但要适可而止,太过热情反而会使客户产生疑虑。刚开始见面的时候,可以先与客户聊聊家常,不要过多谈及利益,从谈话中去认识、了解客户，慢慢地与对方沟通，时间长了自然就会得到你想要的东西。

第二，第一次拜访客户时可以随身携带小礼物。

注意，这里指的是"小"礼物，礼物不要太贵重，随身携带即可，这样客户接受起来不会太有压力，而我们可以通过这一举动给客户留下深刻的印象。如果客户忙，那么可以预约下一次见面的时间。

最后，总结一下本节的内容：客户为什么不购买你的产品？不是因为你的产品有问题，而是客户还没有完全信任你。

面对难搞的客户，想要取得对方的信任，与其建立情感联系，不仅需要我们付出时间和精力，挖掘出他们的真正需求，提供独特的价值，还需要我们不断提升自己的专业度，这样才能走入客户内心，并最终转化成交，而这样获得的客户往往也是复购率极高的客户。

这样的成交技巧，你掌握了吗？

四、简单易操作，成交了无痕

我遇到过很多人向我抱怨销售难做，经常遇到非常难搞的客户，费时费力且没有成效。即使是有意向的潜在客户，也并不是百分之百都会成交，其中的误会、曲折着实让人心力交瘁。

其实，这并不仅仅是销售领域才会遇到的问题，在日常生活中，我们也会经常遇到因为沟通不畅而导致的问题。

有这样一个关于沟通的笑话。一个大妈乘坐公交车，上车后投了一块钱。司机说："两块。"大妈说："是的，凉快。"司机说："空调车两块！"大妈答："空调车是凉快。"司机感到很无奈，又说："投两块。"大妈笑着说："不光头凉快，浑身都凉快！"说完就往车后头走。司机接着说："我告诉你钱投两块。"大妈说："我觉得后头人少更凉快。"司机崩溃，一车人笑倒了。

为什么人与人之间会出现这种无效沟通呢？

在管理学中，有一个著名的沟通漏斗理论，指的是工作中团队沟通效率下降的一种现象。如果你心里想的是100%的东西，当你在众人面前、在开会的场合用语言表达心里100%的东西时，这些东西已经漏掉了20%，你说出来的只剩下80%。当这80%的东西进入他人的耳朵时，由于文化水平、知识背景等差异，只"存活"了60%。实际上，真正被他人理解了、消化了的东西大概只有40%。等到这些人遵照领悟的40%内容采取行动时，能做到的就只有20%了。

由于人与人之间存在个体差异，我们无法做到百分之百无损耗沟通，有些误会放在生活中可能会被我们一笑了之，但在销售领域带来的影响可能是致命的。尤其是对销售人员来说，沟通能力的强弱直接决定了其业绩的高低及最终的成交率。

那么，怎样做好与客户的有效沟通呢？这就需要我们掌握一些沟通技巧和成交话术，以让这个漏斗漏得越来越少。

（一）三角沟通的黄金法则

沟通在成交过程中扮演着重要的角色，它既是我们达成共同愿景、朝着目标前进的推动力，又是我们解决问题、消除彼此之间隔阂的好帮手。那么，有效沟通有没有模型？可不可以复制呢？

下面给大家介绍一个被销售界称为黄金法则的"ABC三角沟通"模型。虽然这个模型看上去很简单，但其在实战中的应用非常广泛，效果也立竿见影，如在大客户销售中使用的"狐假虎威"策略就是对ABC三角沟通模型的运用，很多销售高手都利用它来快速达到成交的目的。

接下来进入正题，先从理论角度讲一讲什么是ABC三角沟通模型。

A是Adviser（顾问），指的是我们可以借助的力量。A包括上级业务指导、公司、资料等，范围比较宽泛，在不同的沟通场景中，A可能是不同的人或事物。

B是Bridge（桥梁），指的是销售人员自己。

C是Customer（客户），指的是客户或潜在的客户。

在ABC三角沟通模型中，关键点A是我们需要借助的力量，因此ABC三角沟通模型从某种程度上来说可以叫作"借力法则"，用通俗的话来解释就是：我搞不定你，但是总有人可以搞定你，我把他请过来，自然可以通过他来搞定你。

举个例子，我们去拜访某公司的董事长，但是这位董事长总是不理睬我们。虽然我们搞不定董事长，但是我们可以从董事长身边的人入手。假如我们与董事长身边的人成功建立了联系，就可以通过这一关系去做董事长的工作，不就可以达成我们的目的了吗？事实也验证了我们的理论，通过董事长的得力助手，我们与该公司的合作顺利达成。

在这个例子中，董事长是C，即潜在的客户；董事长的得力助手是A，即我们借助的力量；销售人员是B，是链接董事长和董事长的得力助手的桥梁。

我们继续学习ABC三角沟通模型的两种主要形式。

第一种形式：多对一，即你所在公司两个或两个以上人员对客户一个人进行宣传。

用一个场景来描述，就是在你的安排之下，你将你的目标客户带到你的领导或顾问面前，然后由你的领导或顾问向目标客户介绍公司、产品等。

第二种形式：一对一，即销售人员见到客户后，通过向客户展示公司网站、样板工程、公司资质、领导人来访公司的照片、公司获得的荣誉、用户表扬信等具有说服力的资料（这些资料充当的就是角色A），来表明公司产品是值得信任和购买的。这是销售中十分常见的和客户沟通的模式。

在一对一的三角沟通实战中，如果销售人员对ABC三角沟通模型中A的重要性认知不足，只是走过场般介绍公司，那么往往达不到让客户信任的程度。如果客户不信任你，那么哪里来的成交呢？

在现实生活中，可能有些事情无论你怎样说，自己家的孩子就是不听，但是老师一说他就听了；在网上买东西，无论卖家如何说自己的产品好，我们都会心存疑虑，而第三方点评较容易让我们做出购买决定，美团就很好地利用了第三方点评。在这里，老师和第三方点评都扮演着ABC三角沟通模型中A的角色，世界石油大亨洛克菲勒也曾经用过这一模型。

第二次世界大战结束后，联合国要建总部大厦，但经费拮据。在得知这一消息后，当时的世界首富洛克菲勒决定出资870万美元，在纽约相对偏僻的地方买下一块土地，无偿赠送给联合国。当时，很多人都觉得洛克菲勒做这种亏本买卖绝对是疯了。谁也没想到的是，当时他在购买土地的时候，除了赠送给联合国的那一块，还把周边的土地买了下来。

随着联合国大厦的建成，周边的土地价格狂涨几十倍甚至近百倍。洛克菲勒名利双收，轻松赚得盆满钵满。在这一案例中，洛克菲勒就利用了ABC三角沟通模型，联合国大厦扮演的就是角色A，其促使洛克菲勒的地产价值大幅度提高。

同理，如果我们在销售实战中，能够巧妙地借助A，基本上就可以做到百战不殆。当然，在这个模型中，销售人员B的作用也非常重要。

作为模型中的桥梁，销售人员B需要洞察出潜在客户的欲望、不满、期待、痛点、痒点等，如果客户对销售人员不信任，就要及时发挥桥梁的作用，为客户准确找到能满足其需求的人，从而实现成交的目的。

有一个关于成交的经典案例。

美国一出版商为了把滞销的图书卖出去，便把一本书送给了总统，美其名曰让他提提意见。忙于事务的总统随口说："这本书不错！"出版商大喜，随后便给这本书打上了全新的宣传口号——"总统喜欢的书"。就这样，原本滞销的书很快销售一空。

不久，又一批书滞销了，该出版商如法炮制，又送给总统一本书，上了一回当的总统，没好气地说："这本书糟糕透了！"而这次出版商借"总统讨厌的书"之名又将图书销售一空。当该出版商第三次送书给总统时，总统鉴于前两次的教训，不予置评。出版商又大做文章——现在总统难以评论的书正在销售！

在一对一的拜访中，销售人员可以假设潜在客户对自己不信任。你不信任我没有关系，但是我可以为你找到能让你产生信任感的人或说服你的资料。通过这种方式，客户的安全感自然就产生了。在安全感产生的时候，信任也就建立了，成交也就成了水到渠成的事情。

此外，在运用ABC三角沟通模型与潜在客户沟通的时候，我们还应该注意场景的选择。

为了避免嘈杂的环境破坏谈话的氛围和思维，你可以根据客户的气质，选择一个相对安静、轻松的地方，或者选择一个能够激发人奋斗、有做事氛围的地方，适宜的环境可能会成为成交的助推器。

"阅人无数不如名师指路"，在销售工作中，熟练掌握并灵活运用ABC三角沟通模型，掌握与人沟通的技巧，成交概率会成倍提高。

（二）一语中的，句句到位

为什么有的人在工作中总是顺风顺水，经常有贵人相助，但有的人处处受阻，感觉一切都在与自己作对呢？

别忘了，销售是一项与人打交道的工作，这里所说的人不仅包括客户，还包括你的下属、上司、竞争对手等。在生活中，我们总是扮演着不同的角色，如果你没有掌握与他们沟通的技巧，那么同样会给你带来阻碍。

首先，我们来看看在职场中和同事沟通的注意事项。

举个例子，小李是一名工程师，由于最近公司赶进度，他想临时从同事小张那里借调几个人，并且已经私下与小张商量好了。可到了领导那里，面对小李的要求，小张突然变卦了："对不起小李，最近实在太忙了，我这边也要赶工，实在不好意思。"

小李特别不高兴，对方明明已经答应的事情却突然变卦了，并且给领导留下了不好的印象。这其实就是平常不善于沟通造成的。

三个小计囊

第一，站在对方的角度考虑问题。当你试着站在对方的角度考虑问题时，你就会更容易理解对方的真实想法。

第二，坦诚相待。这个世界上最好的"套路"是真诚，当你真诚地袒露自己时，我相信对方会慢慢信任你，并想要和你建立良好的关系。

第三，学会宽容。任何人都会犯错，我们不是十全十美的，当你明白每个人都有短缺之处时，自然就不会对对方过于苛求。

除此以外，我们在工作当中还要谨慎说话。俗话说"病从口入，祸从口出"，一句话既可以成事儿也可以败事儿，我们在与同事交流时要使用适当的语言，并尽量让你的语言充满正能量，以此引导你的同事。

孔子有云："夫人不言，言必有中。"很多人都好为人师，但大部分人都不喜欢被他人说教。因此，当我们表达自己的观点的时候，一定要点到即可，不可盲目地表达自己的观点，因为若话说得不合适了，反而会招来同事的厌恶，那样就得不偿失了。

如果你是领导者，想让自己的话被更好地执行，那么可以试试以下几种沟通方式。

第一，多表扬下属，用其所长来激励下属。

很多领导者喜欢以一种居高临下的姿态与下属沟通，遇到问题的时候总喜欢批评下属，这其实大错特错了。每个人都不喜欢被他人批评，被称为"商界教皇"的汤姆·彼得斯曾说过："经理最高级的一项工作就是让下属欢欣鼓舞。"

因此，成功的领导者从不吝啬赞美他人，无论下属对公司的贡献是大还是小，都要给予适当的鼓励，下属也会感受到你对他的尊重。

此外，要想提高员工的积极性，还可以通过开展竞赛、目标定量等方式来激励员工，通过各种优惠政策、优厚的福利待遇、快捷的晋升途径来吸引并留住人才，让他们全心全意为公司效力。

第二，关注下属，并授权给下属。

"尺有所短，寸有所长。"一名优秀的领导者还要随时关注下属的动态，了解下属的最新情况，除了激励员工还要授权给下属。

领导者在清楚地了解下属的真实情况之后，可以根据他们的能力来进行授权，但要注意尺度，也就是在放权的同时，要随时观察工作进展，时刻保持关注，在一放一收中灵活运用领导智慧。

第三，给足利益。

古语有云："天下熙熙，皆为利来；天下攘攘，皆为利往。"领导者要赚钱，员工们也要赚钱养家糊口。作为公司的领导者，一定要明白：员工是企业利润的真正创造者。如果利益分配不对，员工往往会士气不足，甚至会导致公司分崩离析。

因此，领导者应学会与员工分享利益，以此激励员工心甘情愿地为自己效劳，真诚合作，共谋大业。

如何与上司或权威人士沟通呢？与上司或权威人士沟通的技巧也是每个销售人员需要掌握的。

彼得·德鲁克在《卓有成效的管理者》中写道："一个好的管理者需要做好向上管理，充分发挥上司的长处，这是一个管理者工作卓有成效的关键。"

所谓"向上管理"，指的是你要积极主动地去和领导沟通，了解领导的工作方式和优缺点，及时和领导达成同频，并发挥各自的优势和长处，从而实现公司的长远发展。

在向领导汇报工作时，我们应该注意以下三点。

第一，要做到及时汇报。如果你及时汇报工作，领导会更加信任你，你能得到领导的帮助和指导，还可以在一定程度上避免在工作中出错。

第二，无论事情大小都要向领导汇报。即便工作没能按时完成，也要告知领导，并说明没能按时完成的原因，并说明接下来的安排。

第三，在汇报问题时，要准备很多种解决方案，让领导做选择题而不是填空题。

除此以外，善于沟通的下属还会主动创造与领导接触的机会，并适时在工作甚至生活方面加深联络，只有领导在情感上真正对你产生认可，你们之间的信任程度才会加深，才足以让他放手，允许你去尝试各种想法，你才可以独当一面，迅速地成长起来。

总而言之，与人沟通是一门艺术，是我们与外界联络、与人合作的必要途径，无论是面对客户，还是合作多年的同级人员或下属，或者是为我们提供工作岗位的领导，我们都可以通过有效沟通来表达自己内心的想法，加深彼此的了解，最终建立长久的信任关系。

事实上，每一项技能的提高都不是一帆风顺的，需要我们不断地去磨炼，在一次又一次的实践当中总结自身的不足之处。当你慢慢学会了沟通，这项技能就会变得如同吃饭、睡觉一样简单，甚至自然到不需要你去用特定的技巧来引导对方，因为"你就是沟通，沟通就是你"。这些便是我们在成交前需要做好的准备。

那么，当一切准备就绪后，我们应该怎样让客户快速喜欢上我们呢？如何一出场就亮出漂亮的姿势呢？

成交有两个关键词：尊重、理解。

有小伙伴曾经问我：为什么我脑子里的想法是对的，却没有得到我想要的？

这难道不是一种再正常不过的现象吗？我们生存的世界是一个多方参与的世界，我们每个人都只是其中的参与者，虽然我们的想法对，但是同行的伙伴、周围的环境都是客观存在的，不受我们控制，甚至如果天时、地利、人和中的任何一个方面欠缺，这个世界就不会按照我们头脑里的样子运行。

相传，有一只美丽的海鸟停留在鲁国国都的郊外，一个人发现了它，并马上报告给鲁王，他说这是一只仙鸟，表示天降祥瑞到鲁国。鲁王听后大喜，立刻派人去迎接海鸟，并将它放到宗庙里供奉。

为讨海鸟欢心，鲁王请来优秀的乐手为它演奏自己最喜欢的《九韶》，并为它准备了各种肉和美酒。海鸟不知道鲁王为何如此热情，终日惶恐不安，一块肉也不敢吃，一杯酒也不敢喝，结果三天后就死了。

这则故事告诉我们，要懂得尊重事物的客观规律，否则后果不堪设想。其实，人与人之间的差异远比人与鸟之间的差异大，甚至夫妻之间都有各自的需求，何况是陌生人呢？因此，在生活中，不管是面对同事还是面对客户，甚至是自己的对手，我们都应该尊重对方，而不是总想着控制和改变对方，并试着欣赏、接纳他人。

尊重是一段关系建立的首要条件，更是成交的基础。试想一下，谁会喜欢跟一个不尊重自己的人交往呢？所有人都希望自己能得到他人的尊重，但要记住："尊重他人，才能被他人尊重。"

心理学家艾宾浩斯曾专门做过一个实验，他在圣诞节的前一天随机挑选了一群不认识的人，分别给他们邮寄了圣诞贺卡，想调查一下会有多少人给他回信。说实话，他并没有对实验结果抱有太大的期望，毕竟大家素不相识，他估计贺卡会被大多数人当作骚扰信件扔掉。然而，实验结果大大出乎他的意料，大多数人收到贺卡之后，都给他回寄了贺卡，并附上了真诚的祝福，甚至很多人都没有开口问一句他是谁。这就是著名的"互惠实验"。

这个实验充分说明了一个道理：人与人之间的互动是彼此呼应的，如果你选择尊重他人，那么他人往往也会选择尊重你。陌生人之间如此，在销售当中，我们在面对客户的时候更是如此。

正如周国平所说：一个有人格尊严的人，必定懂得尊重一切有尊严的人格。同样，如果你侮辱了一个人，就等于侮辱了一切人，也侮辱了你自己。每个人都有选择的权利。请不要因为你觉得自己的建议更好，就否定他人的选择，即使他人的选择看起来不明智，但是只要这个选择是出于他自己的意愿，那么对他来说就是最佳选择。"子非鱼，焉知鱼之乐？"在与人交往的过程中，请不要把自己的意愿强加于他人，因为你并不知道这个选择对他人来说有何意义。

人各有志，不能勉强。每个人都有自己的生活方式和思维方式，我们很难真正了解一个人。如果一个人完全凭借自己的喜好，将自己的意愿强加于他人，那么只会让彼此之间产生摩擦和不愉快。若一个人一厢情愿地把自己喜欢而他人不想要的东西强加于他人，则是对他人的一种干涉或侵犯。

因此，在所有有关沟通的技巧中，永远都绕不开"尊重"，它是人际交往中的敲门砖，更是与他人沟通的前提条件。

在人际交往中，有一个词语与"尊重"相生相伴，那就是"理解"。

理解有多难？有一句话是这样说的："在这个世界上，你很容易找到爱，但是难以获得理解。"正因为理解如此珍贵，我们往往才会说"理解万岁！"。"理解万岁！"这句话完美地诠释了理解他人多么难做到。

我们每个人都生长在不同的环境当中，我们拥有不同的文化背景，每个人都是独立的个体，我们有着不同的爱好、不同的经历，我们对同一件事的看法也不尽相同。社会是由千差万别的个体组成的，如果没有相互理解，差异就会造成不可逾越的鸿沟，社会就会变成永无休止的战场。

和谐的人际关系是每个人都渴望的，建立这样的人际关系需要我们互相理解。要想做到这一点，我们需要破除个人的狭隘思想和抛开个人好恶，以宽广的胸怀去拥抱并理解他人。

有这样一则关于"理解"的故事。一只小猪、一只绵羊和一头乳牛被关在同一个畜栏里。一天，牧人捉住了小猪，小猪大喊大叫着抗拒。绵羊和乳牛都特别讨厌它的叫声，便说："牧人常常捉住我们，但我们并没有大呼小叫。"小猪听了回答："牧人捉住你们和捉住我完全是两回事，他捉住你们一般只要你们的毛和乳汁，但是捉住我很可能要我的命。"这是一个非常简单的道理，立场不同、所处环境不同的两个人，是很难理解对方的感受的。由此可见，理解是人际关系的润滑剂。

然而，在竞争激烈、生活节奏加快的今天，我们很难做到完全站在对方的立场上思考问题，尤其在销售工作当中，一旦出现矛盾或误会，我们会本能地选择埋怨、指责、推卸责任。

举个例子，同事小王因为家里有事情，工作进展缓慢，同时其同事小白的工作进度也因为小王而耽误了，不了解真相的领导把小白叫到办公室批评了一通。非常气愤的小白觉得小王是故意的，于是就跟小王因为工作进度吵了起来，小王感到十分委屈。之后，小王和小白之间有了隔阂。

其实，在此事件中，小王、小白、领导本身都没有错，错在他们没有第一时间站在对方的角度思考问题和沟通。

成交关键词：倾听

回想一下：你上一次倾听朋友讲话是什么时候？当你与客户沟通的时候，是否只顾着表达自己的观点，而忘了询问对方的真实感受呢？

乔·吉拉德被誉为世界上最伟大的推销员，他最辉煌的成就是连续12年平均每天销售6辆车！在他的成长生涯中，有一件事情让他难以忘怀。

在一次推销中，乔·吉拉德与客户洽谈得很顺利，在马上就要签约时，对方却突然变卦了，这让乔·吉拉德大受打击。当天晚上，他按照客户留下的地址找了过去，想知道客户突然变卦的真实原因。

客户见他一脸真诚，便如实相告："我之所以取消签约，是因为你自始至终都没有认真听我说话。你还记得吗？在上次见面的时候，我提到我的独生子即将上大学，还说了他的成绩和抱负，我非常以他为荣！然而，你只想着赶紧签约走人，对我的话没有任何回应。我觉得很受伤害，回来以后越想越气愤，所以我改变了主意。"

乔·吉拉德这才后知后觉，认真回想之前交谈的细节：当自己滔滔不绝、信口开河的时候，竟然没有发现对方失落的眼神，客户当时是多么失望啊！他对自己的失礼感到十分懊悔。

从那以后，乔·吉拉德痛定思痛，每当他面对客户的时候，总是专注地凝视对方，认真地聆听客户讲话。他认为这样的沟通才是每个人都愿意看到并接受的沟通。后来的结果大家也都看到了，他成了最伟大的推销员，取得了傲人的成绩。他将自己的沟通秘诀总结成了这样一句话："有两种力量是比较伟大的——一种是倾听，另一种是微笑。"

可能有人会反驳我，他们认为销售就是要表达强有力的观点，这样才有可能说服客户，如果只是倾听，难道就不会在沟通中显得过于被动吗？

其实，"大胆表达自己的观点"与"倾听"并不矛盾。

倾听，在这里并不是机械地附和，而是需要注意力、理解力和记忆力的。一个优秀的倾听者可以从他人的讲话中获取大量的信息，提高自己的谈吐水平，并赢得对方的喜欢。认真倾听他人的心声能帮助我们更深入地了解一个人。因此，与其一味地自己讲话，不如引导对方讲话，让自己变成一个倾听者，这样的沟通或许更有效。

专注地倾听他人讲话可以使对方在心理上得到极大的满足，这样你能更好地捕捉到对方的问题所在，为对方提供帮助，解除困惑。倾听不是被动地接受，而是一种主动行为。倾听者需要深入了解诉说者的思想，从对方的角度来思考问题。同时，倾听者还要将倾听的结果反馈给诉说者，自始至终保持客观的态度，不妄加评论。

"学会倾听"要求我们在表达自己观点的时候，不能不分场合、时间和地点，而是要根据对方的反应，说得恰到好处。

有的时候，最快到达终点的道路不是最短的那条路，而是迂回曲折的小路。我们在与客户沟通的时候要注意：虽然强有力的观点输出可以对对方的情绪产生影响，让对方更容易跟着我们的节奏走，但对更多的人来说，谁会对一个陌生人的高谈阔论没有一点抗拒呢？

要记住，我们沟通的目的是让对方认可我们说的话，而不是强行灌输自己的观点，更不是完成销售任务。否则，你讲得再有道理，对方听不进去也是枉然。只有抓住对方的需求，让对方听进去，才能达到沟通的目的，这样的沟通方式也更有效率。

退一步讲，即使你说的话对方不认同，但如果你仔细倾听对方的反馈，并给予进一步的解释，也会给对方带来一定的影响。比如，你可以将自己的想法与对方的观点进行比较分析，利用求同存异来获得共识，这是我们在销售沟通中非常重要的一步。即使结果不理想，也不至于将自身摆到与对方对立的位置上去，从而有机会进一步沟通。

除此以外，在工作中，我们还要听得进来自各个方面的声音，尤其是反对和指责的声音，切忌自以为是、狂妄自大，否则你即使做出了一点成绩，也会很快被打回原形。如果你恰好是一家公司的领导或一个团队的带头人，这一点就更加重要了。毕竟销售工作需要依靠团队的力量，一个人"独断专行"往往比不上"集思广益"。

最后，我们还要学会倾听自己内心的声音。因为人的眼睛大多时候只能看清他人，却不容易看清自己。你是谁或你将成为谁，只有你自己才能给出答案。

一个乞丐在街边靠乞讨和贩卖铅笔为生。很多人从他的身边走过时，都会热心地投给他几枚硬币，然后便转身离去，无论是乞丐自己还是路过的好心人，都不关心他的铅笔究竟是卖还是不卖。

有一天，一位富商从乞丐身边经过，顺手施舍了乞丐几枚硬币，正要转身离去，忽然又停了下来，蹲下来对乞丐说："我付了钱，还没有拿走我的铅笔，我们都是商人。"几年以后，这位富商去参加一个上流社会的酒会，一位衣冠楚楚的先生走过来向他敬酒："先生，我要谢谢您。"

富商很诧异："可是，我好像不认识您。"

这位先生说："几年前，我在路边一边乞讨一边卖铅笔，所有的人都觉得我是个乞丐，只有您告诉我，我是一个商人。因此，我要感谢您，是您鼓励了我，让我看清了自己真正的样子。"

不是所有人都十分清楚自己的定位，或者心里明明有着对自己的定位，却因为外界的环境影响而动摇，选择跟风、模仿，企图通过复制他人的成功模式而更快地成就自己，结果往往弄巧成拙，正所谓"欲速则不达"。

这个时候要学会倾听自己内心的声音，让自己内心的声音发出来，盖过他人的言论，这样才能坚守自我，认清自己的想法，发挥自己的潜能，找到自己的位置。

第二部分

7 秒打动客户的成交心法

1

7秒成交
高手签单就是不一样

一、7秒，成交陌生人

俗话说："形象值万金。"虽然我们常说"酒香不怕巷子深""内涵比外表更重要"，但在这个快节奏的社会，留给我们认识一个人、了解一个人的时间越来越短，甚至有时只是看了一眼他的朋友圈，或者仅有一面之缘，就已经在心里对他做出了判断。

对销售人员来说，外在形象管理十分重要。这里所说的形象，并不仅指穿着、长相、发型、妆容等，而是一个综合性的外在呈现，包括举止、修养、谈吐、审美等所有你呈现出来的东西，其决定了客户对你的第一印象，并且会在很大程度上影响最后的销售结果。

在实际工作中，很多销售人员之所以成交失败，原因就在于不注重外在形象管理。试想一下，如果某销售人员穿着过于花哨、举止无礼，那么无论他把自己的产品说得多么不可多得，无论有多少名人为他背书，你对他的信任程度是不是都会大打折扣呢？

如果一个人没有第一时间抓住客户的眼球，就已经输在了起跑线上，后续付出再多的努力都难以赶超他人。要想取得快速成交的结果，我们需要在短时间内脱颖而出。

（一）抓住客户眼球的黄金7秒

美国流行色彩研究中心的一项调查表明，人们在挑选商品的时候存在一个"7秒定律"，即面对琳琅满目的商品，人们只需要7秒就可以确定对这些商品是否感兴趣，并确定其购买意愿。

不仅如此，在心理学中还有一个"头7秒理论"，就是说"人们在见面的时候，产生的好恶取决于见面的头7秒"，并且在往后的时间里，并不会因为对一个人或一件物品的深入了解而改变自己对其最初的印象。这样的例子在生活中比比皆是。比如，我们在看电视的时候，往往会对只见过一面的演员产生喜欢或厌恶的感觉。这就导致有的明星明明没犯什么大错，但路人缘很差，有些明星也许有负面新闻，却让人怎么也讨厌不起来。

回到销售领域，有效利用这"神奇的7秒"对我们做营销活动和拜访陌生客户的意义重大！

曾经有一位小伙伴对我说，他非常努力，对客户也非常热情，但客户就是不买账，即使这位小伙伴的产品价格更优惠，客户也会选择同他人成交，这是为什么呢？

我首先打量了一下他的外表：头发是美发界流行的挑染，

外面明明穿着公司的制服，里面却穿着一件圆领T恤，脚上穿着一双运动鞋。而他所对接的客户大部分是年龄为40～50岁的成熟人士，他们在看到这位小伙伴的打扮后，自然很难对他产生信任。当我向他指出这一点时，他还半信半疑："难道这点小事就会产生这么严重的后果吗？"

"是的，但这根本不是一件小事。"我郑重地点了点头。"仅从穿着来说，T恤和运动鞋代表休闲，其与制服格格不入，说明你没有以认真的态度对待工作，因此无法在第一时间给客户带来安全感。你目前负责的项目，动辄几十万元、上百万元，客户又怎么会选择跟一个第一印象就不怎么好的人签约呢？"

我相信不只是他，很多小伙伴都犯过这样的错误，甚至自己都没有意识到。那么，请从现在开始改正这种错误吧！良好的形象展示给人们的是专业、自信、超强的能力，它就像一个流动的展示牌，向每个与你相遇的人讲述着你的故事：你是谁、你如何度过每一天、你的心情、你的梦想、你是否有发展前途、你是否值得信任……

做好形象管理不仅可以顺利搭建和客户沟通的桥梁，还能让客户对你产生更多信任，为成交奠定基础。那么，当我们去拜访客户时，如何打造形象才能得到客户的赏识呢？

1.穿出公司所需要的形象

一个公主生病了，她告诉国王，如果她能拥有月亮，病就会好。国王很疼爱这个小女儿，立即发出通告，谁能拿到月亮，立刻赏黄金千两。然而，月亮那么大、那么远，就连魔法师都束手无策。

国王又急又气，只好叫宫廷小丑来给他弹琴解闷儿。小丑见国王如此着急，有些不解地说："我们一直在按照自己的想法找月亮，但为什么不去问问公主，她想要的月亮是什么样子的呢？"

于是，小丑来到公主的房间里探望她，并向公主询问："公主殿下，您想要的月亮多大呢？"公主一脸稚气地回答："比我大拇指的指甲小一点吧！这样只要我把大拇指的指甲对着月亮，就可以把它遮住了。""月亮是用什么做的呢？""当然是金子！"公主斩钉截铁地回答。

在明确公主的要求之后，国王立刻找来金匠，打了一个比公主大拇指的指甲小一点的月亮送给了她，公主高兴极了，第二天她的病就好了。

这则故事给我们带来什么启发呢？我们应该明确客户的需求，给客户提供符合其认知的东西，而不是自己想当然。我们在与客户见面的时候，自己的穿着应该符合客户对本公司的认知。

比如，微软公司销售人员的着装标准是白色衬衫、深蓝色西装，并且佩戴领带，因为蓝色显得有科技感，白色象征纯洁，给人的感觉非常纯粹，而西装给人的印象是专业、商务，整体搭配与微软公司的产品理念相呼应。而IT行业的销售人员一般会选择穿商务休闲服装，搭配T恤和双肩电脑包，这种装扮往往会引起IT工程师类客户的共鸣。

除此以外，销售人员的穿着还要符合产品的销售路线，推销的产品金额越大，打造的形象应该越正式。举个例子，如果你要推销奔驰、宝马汽车，那么需要着正装，必要时还要戴上白手套来展示产品；但如果你销售的是汽车零配件，就只需要保持衣着干净整洁即可，如果过于正式，那么反而显得格格不入。

2.符合销售场景要求

面对不同的环境、不同的场合，我们对服装搭配的要求也不尽相同。因此，在与客户见面之前，销售人员可以根据见面地点和时间来为自己挑选合适的服饰。

如果见面地点是办公室，那么可以穿上比较正规的职业装；如果见面地点是娱乐场所，那么可以穿得比较休闲、活泼；如果客户正在休假期间，那么可以选择旅游服装；如果见面时间恰逢节假日，那么可以选择喜庆一点的服装来烘托节日气氛。总之，我们要根据客户的喜好和具体的场合来挑选合适的服饰。大多数人都喜欢跟与自己行为模式接近的人相处，选择与客户气场相符的服饰，会让客户更容易卸下心理防备。

3.根据拜访对象的不同风格进行选择

当拜访内向且羞涩的客户时，我们可以穿得随意一些，避免着装过于正式而给对方造成压力；当拜访在某领域十分专业、权威的客户时，可以选择深色的正装，彰显我们的专业气质；当拜访比较年轻、外向的客户时，可以选择休闲服装。需要注意的是，不管选择哪一类服装，都要保证干净整洁，这不仅是个人素质的体现，更是对对方的一种尊重。

除此以外，对整体形象的打造还有以下几处细节需要我们特别注意。

细节一：在选择服装时，最好不要选择生活气息浓厚的手织毛衣；在选择配饰时，不要选择太过华丽、贵重的配饰，简单大方即可。

细节二：注意脸部与手部的打造，妆容和发型不能过于夸张，也不要留太长的指甲或做烦琐的美甲，否则容易给对方留下不够专业的印象。

细节三：注意坐姿和站姿，要站有站相，坐有坐相，不能耷拉着脑袋走路，也不能太过傲慢，否则容易给客户留下卑微或目中无人、自负等负面印象。

细节四：注意说话的腔调，说话的腔调要根据场景、与对方的距离而定，语音既不能太高，也不能太低。总之，我们说的话要让客户听清、听懂。

细节五：在与客户交流的过程中，不要时刻盯着对方的眼睛，也不能眼睛向下看或东张西望。正确的方法是在与男性交流的时候，将视线放在对方的鼻子附近；在与女性交流的时候，将视线放在对方嘴巴或下巴位置。在此基础上，偶尔与对方对视，或者将视线放在对方一只眼睛上，这样可以让双方的交流更加愉快。

客户对你的第一印象直接影响着其购买意愿，因此小伙伴们要好好利用这珍贵的7秒，从而顺利地与客户产生链接，以获得进一步交流的机会。

（二）陷入僵局，如何突破沟通"死角"

做销售的时间长了，既会遇到形形色色的客户，也会遇到各种突发状况。即使客户对你的第一印象很好，也很容易一言不合就使谈话陷入僵局。

举个例子，我曾经和同事一起去见一个客户，刚开始工作开展得非常顺利，但后来在讲解的过程中出现了误会，双方各执己见，争论不休，眼看谈话就无法进行下去了，这个时候应该如何缓和这种紧张的气氛呢？

首先，退一步海阔天空，如果双方的神经都开始绷紧，不如先各退一步，冷静一下，再重新考虑合作的条件。比如，你可以这样说："聊了这么久，大家都累了，不如暂时休息一下吧，我去给大家拿些饮料。"其次，要学会换位思考，站在对方的角度考虑一下，自己的表达方式是否合理，要让对方感受到你的诚意，这样才能打破僵局，使谈话进行下去。

除此以外，还有一种比较常见的困难，就是"一见面就拒绝"。你准备好的一系列话术还没有施展，对方就明确表现出拒绝的态度，遇到这种客户，是应该尝试继续与其沟通还是立马放弃呢？

一名优秀的销售人员当然会选择前者。不过，很多人在这种情况下要么机械地强调产品的优点，要么像复读机那样重复介绍产品，还有人因尴尬而顾左右而言他，这些方式不仅不会令客户回心转意，反而会让对方快速离开。要想在短时间内让对方的态度发生改变，销售人员可以通过以下步骤突破沟通"死角"。

第一，变被动为主动。当对方表达出拒绝的意向时，可以直接向客户询问拒绝的原因，了解他的顾虑是什么，挖掘出客户的深层诉求。

第二，在得知客户拒绝的原因之后，就可以对症下药了，即选择合适的处理方式打消客户的顾虑。

第三，当客户的态度开始缓和后，应该趁热打铁，通过动作引导客户成交。有了前面的工作，这时成交的概率是极高的。

如果以上步骤你都做到了，但客户还是想要"考虑一下"，那么可以适时表示理解，并以积极的态度去回应，给客户留下一个良好的印象，这样可以提高其回头购买的概率。

这里还有一句话跟所有从事销售工作的小伙伴共勉：在互联网时代，第一时间获得客户信赖确实不是一件易事，但功夫不负有心人，如果你能凡事多做一步，凡事多想一点，再比他人多注意细节一些，那么迎接你的就是创造奇迹的时刻。

二、为何销冠很少被挂电话

各位小伙伴，你们有没有遇到过这种情况：当你忙碌了几天，周末陪朋友逛街的时候，总会遇到一些免费美容卡、免费足部中药熏蒸的推销人员。

不管是推销美容卡、健身卡、游泳课还是保健理疗产品，这些推销人员有一个共同的特点，就是死缠烂打，像狗皮膏药一样甩都甩不掉，即使你真的有购买欲望，也会被这些营销手段弄得不耐烦。

为什么人们大多喜欢买东西，也有买东西的欲望，却如此讨厌被推销呢？这需要从推销一词在中国的演变说起。

几十年前，伴随着中国改革开放的脚步，"推销"这个词语被引入中国，它最初是伴随着商品交换而产生的，是现代企业经营活动中必不可少的环节，人们通过他人的推销认识新产品和服务，并取得了丰硕的成果。

比如，大家特别熟悉的国外品牌安利，因为独特的推销方式，这个品牌在国内不到几年的工夫就开枝散叶，成为家喻户晓的品牌，但是安利的发展是不可复制的，我们不能盲目效仿。时代在改变人们的认知，人们的选择权也在改变，当年安利在国内野蛮扩张，正赶上相关产品稀缺，并且当时互联网还不够发达，人们的选择不多，这是安利风靡一时的重要原因。

反观当下，互联网高速发展，产品种类繁多，人们购物渠道多样，这使得一个品牌很难被人们长期追随，同时随着现代主流消费人群的改变，互联网原生代成为消费主力，比如"Z世代"成为与互联网共同成长的年轻一代消费群体，他们更希望被吸引，但不会盲目地购买他人推销的产品。

在这种背景下，"推销"的含义开始逐渐跑偏。

小美和小玉是一对好姐妹，在周末逛商场时，她们遇到了美容院的推销人员，说有免费体验活动，邀请二人参加。她们心想反正闲着无事，于是跟着推销人员来到了美容院。

推销人员首先给她们倒了杯茶，然后给她们做了简单的颈部按摩，接着便说她们的颈椎不好，需要进行调理（切入重点），如果不及时调理就会出现各种疾病（让人产生恐惧），只需要额外掏38元就可以进行颈椎调理（让人先在小钱上让步），随后询问她们的生活和工作情况（猜测潜在购买力），最后进入正题，向她们推销店里的美容产品。最终，小美和小玉在这个"免费"美容院中消费了几百元才得以脱身。

这就是一则典型的被商家在无形中推销产品的故事。在现实生活中，这样的案例比比皆是，商家为了吸引客户，无所不用其极，甚至"挂羊头卖狗肉"，用一些具有诱惑力的广告当诱饵，等客户进店之后，再狠狠宰上一笔。这样的骗术多了，人们的警惕性提高了，便不再轻易相信推销人员了，甚至对他们有些反感。

人们的这种厌恶心理对正规销售人员的工作造成了阻碍。有些人一接到推销电话，还没等对方说话，就会立刻挂断电话，更有甚者会恶语相向，屡次受挫的经历让很多小伙伴产生了畏难情绪，对失败和被拒绝感到恐惧。

事实上，销售这件事情并没有想象中那么难。无论是销售人员还是客户，都不喜欢强迫型或死缠烂打型推销方式。有人的地方就有商业，有商业的地方就有产品流通，销售人员应掌握一些销售技巧。

如果你是一名销售人员，那么应该如何进行介绍才能避免被客户拒绝，让客户喜欢并接纳你的产品呢？下面，我给小伙伴们介绍几种实用的销售技巧。

（一）找对人

试想一下：你会给马上要搭火车的人推销被褥或床单吗？不会，因为要搭火车出行的人不需要这类产品，而且这类产品对他们来说是一种负担。

因此，要想快速成交，找到对你的产品感兴趣的目标群体十分重要。

这一步非常简单，产品就是为了满足特定目标群体的需求而设计与研发的，我们应对这一目标群体足够熟悉，包括了解目标群体的消费能力、消费需求及行为习惯等，这样才能做到有的放矢。

俗话说"烧香不能拜错佛"，只有先将自己要拜的"佛"精准定位出来，才能事半功倍，找到隐形的大客户。

（二）说对话

随着互联网的发展，人们的注意力被视频、图片等分割成无数碎片，变得越来越涣散，难以集中。在这个信息碎片化时代，要想精准地抓住人们的"碎片化"时间和"碎片化"注意力，让自己的产品脱颖而出，我们需要学会讲故事。

销售人员不仅要卖产品，更要跟客户建立链接。在销售过程中，那些会讲故事的销售人员说的话往往比那些只会讲道理的销售人员说的话更有说服力，会讲故事的销售人员也更容易拿到订单。在介绍产品的过程中，如果能够以故事为依据，那么比干巴巴讲产品说明书更容易被客户接受。

我记得电视连续剧《春光灿烂猪八戒》中有这样一个场景：变为人形的猪八戒想要在集市上卖饼，可吆喝了半天都没有人买，他灵机一动，用嫦娥做起了广告，说这是"美人摸过的饼"，很快吸引了人们的注意力，人们争先恐后地购买起来。

因此，会卖产品不如会讲故事，讲好关于产品的故事，你的营销就成功了一大半。

美国著名的广告大师韦伯·扬曾分享过一段经历。有一次，他去旅游，在集市上看到一个非常漂亮的床罩。但旅行要床罩做什么呢？他犹豫片刻还是决定不买了。卖床罩的小伙子看出了他的纠结，但小伙子没有催韦伯·扬购买，而是告诉他，这个床罩原属于一位异域公主，后来辗转于多个地方才出现在这个集市上，并且被他看到了。韦伯·扬一听，立刻产生了购买欲望，最终小伙子的买卖做成了。

好的产品故事可以引来客户，让客户对产品产生好奇心，从而喜欢上故事及故事当中的主角——产品。一则好的故事可以深入人心，这是任何广告都无法替代的。因此，要想让客户记住你的品牌，你的品牌就应该有与众不同之处。当我们去见客户的时候，与其先讲产品，不如先讲关于产品的故事，如果这样做，那么我相信你大概率会旗开得胜。

（三）做对事

有需求才会有成交。只有先激发潜在客户的购买欲望，客户才会开启自我说服模式，如果你没有能力先让客户对产品产生兴趣，那么你的一切说辞对客户来说都是想要赚他的钱，客户大概率会选择远离你。

如果你先激发客户的购买欲望，再给他介绍产品，他就会认为你在帮助他，而不是只想要赚他的钱。人的行为模式就是这样，如果你想要让客户购买，就应该为他提供足够的购买理由和独特的价值。达到这种效果需要很多技巧，具体包括你要讲好关于产品的故事，设计好产品的外包装，选择好原材料，并且你需要对比一下行业内别家公司的产品和你们公司产品的不同等，通过对比展现你们公司产品的独特之处。

曾经在一次大客户销售中，我遇到了一个强劲的对手，对方的品牌很有名，客户也比较满意对方的产品，但是我一一对比了我方产品和对方产品的优缺点，并且帮助客户分析了他们的需求，最终客户选择和我们公司合作。因此，在销售过程中，小伙伴们要时刻记得自己的优势和独特的价值，并且要让客户了解你的优势和独特的价值，这样你才能更快地成为销售高手。

如果客户没有明确的需求，那么应该怎样做呢？

黑人斯蒂凡是富勒公司的一名销售人员，这家公司的主营业务是制造黑人专用的化妆品。在进入公司后，斯蒂凡被派往黑人聚居的地区推销化妆品，但是当地女性没有化妆的习惯，销路一直无法打开。

斯蒂凡明白，要想让当地女性对化妆品产生兴趣，应先摆出活生生的事实让她们信服，进而激起她们改变自己的欲望。

那么，如何达到这一效果呢？

斯蒂凡决定让她们"先体验，后购买"，也就是让客户先免费试用，如果感觉产品不错再购买。这无疑要冒着亏本的风险，但他决定大胆尝试一下。于是，他租了一架手风琴，在当地最繁华的街道上自弹自唱，等人们聚拢之后，就开始介绍化妆品的功效，并慷慨地请大家随意试用。

天底下竟有这样的好事？当地女性纷纷前来领取试用产品。在看到妆前妆后的差别后，很多人开始购买，并且自此难以离开化妆品了，许多年轻女性宁愿在其他方面缩减开支，也要购买化妆品。这种推销方法对公司起到了很好的宣传作用，逐渐打开了销售的新局面。

在这则故事中，斯蒂凡的高明之处在于激起了客户对化妆品的兴趣和欲望，否则产品再好客户也不会知晓，小伙伴们不妨也尝试一下这种方法。

找对人是一门学问，需要敏锐的眼光；说对话是一种艺术，需要洞察人心的智慧；做对事是一种能力，需要找到双赢的方法。

除了以上三种销售技巧，还有一点需要特别注意，那就是找到合适的销售时机，以防客户产生厌烦心理。举个例子，当你忙着工作的时候，你会理会向你推销产品的人吗？当你忙着赶路的时候，你会停下脚步认真听销售人员讲话吗？我想你不会！因此，要想成为销售高手，一定要记得选择好销售时机和场景。

销售时机很好理解，毕竟不同的时间做同一件事的效果可能完全不同。比如，男性向女性求婚应选择好时机和场景，如果恰逢女生心情不好或求婚地点不浪漫，求婚的结果可能不理想。

因此，我们在销售产品的时候要看客户的状态，当客户表现得轻松、愉悦的时候，往往是我们进一步向客户推销产品的最佳时机，这时候客户大概率不会拒绝你的请求，至少会将你说的话听进去，这就是我们一直致力于寻找的最佳成交时机。

在一个销售会上，某公司的一位经理对大家说："请坐着的人都站起来，看看自己的座椅下面有什么？"于是，坐着的人纷纷起立，发现自己的座椅底下有用胶带黏着的硬币。看着大家诧异的目光，这位经理说："你们知道我为什么要在座椅底下放钱吗？"众人摇摇头，这时经理才不慌不忙地说："我只想告诉大家一个简单的道理——坐着不动的人，永远赚不到钱；只有站起来，才有赚到钱的可能。"

是的，这也是销售高手与普通销售人员之间的区别。正如股神巴菲特所说："不是你的能力决定了你的命运，而是你的决定改变了你的命运！"

当你犹豫不决的时候，机会就会消失不见，尤其在与客户谈话的过程中，我们不仅要会说，还要会听、会看，从客户行为和语言的细节入手，寻找到合适的销售时机。

归根结底，销售技巧很简单，关键在于如何掌握并落实它，只要我们在实际销售生涯中反复练习，那么我们离成为销售高手就更近一步了！

三、几句话就成交的权威开场白

都说好的开场是成功的一半，在销售领域，好的开场会对销售结果产生决定性的影响。如果你能在与客户见面的前5分钟就抛出话题，抓住对方的心，那么不仅能给对方留下深刻的印象，还能掌控谈话节奏，让客户顺着你的思路进行思考。

为什么这几分钟会产生这么好的效果呢？因为从心理学角度来讲，我们在与人交往的初期，心灵的大门会暂时打开，但是持续的时间不会很长。如果销售人员能够利用这段时间引起客户的共鸣，那么会给后续的交往带来很大的便利；而如果没有利用好这段时间，那么销售人员后续就要花费很多时间或精力，才能再次有机会打开客户心灵的大门。

举个例子，相亲中男女第一次见面，如果在前5分钟双方都没有产生特殊的感觉，那么二人后续交往的可能性非常小；在演讲过程中，如果前5分钟没有吸引到观众的注意力，那么后面的内容会推进得十分艰难。那么，我们应如何在成交过程中打造"权威开场白"，快速抓住对方的心呢？

（一）讲好第一句话

在心理学中有一个概念，叫作"名人效应"，是指名人的出现所达成的引人注意、强化事物、扩大影响的效应，或者人们模仿名人的心理现象的统称。

在生活中，我们经常看到这一心理现象的应用实例，如商家请明星来为产品代言，偶像可以使人产生无穷的动力，名人用过的东西可以卖出高价等。很多人在权威的人或名人面前会失去判断力，会因为喜欢一个人而去购买他代言的产品。那么，我们能不能利用这种心理，请大众非常信任的专业人士来为自己"助攻"呢？

小王是一位经验丰富的推销员，在每次成交之后，他都会拿出一个提前准备好的签名本，请客户在上面签上自己的名字，并且他会把一些比较有身份地位的客户的签名放在前面。

每当他去拜访陌生客户的时候，都会把这个签名本拿出来，放在桌子上。等到他做自我介绍的时候，就会把签名本翻开，诚恳地对客户说："每个客户我都会用心服务，您看，这是我们的明星客户名单，也是我们产品的受益者。您认识设计院的张总吧，他在业内非常有名，是我们的客户之一，并且对我们的产品非常认可。我希望您的名字也出现在我们的明星客户名单上，因为我觉得您是一位非常严谨的、很注重个人声誉的领导。"

当他说完这些话以后，获得了正面的反馈，因为客户看到了成功案例，也了解了他对客户群体的定位。谁不喜欢跟名人联系在一起呢？因此，接下来他说的话客户往往会非常信服。

除此以外，我们还可以通过有影响力的第三方来提高客户对我们的信任度。俗话说"不看僧面看佛面"，如果是朋友或权威人士推荐来的销售人员，那么客户对他的认可度普遍较高。

比如，你可以以对方认识的、有影响力的人开场："张总，您好，我是和您一起在长江商学院总裁班学习的王总介绍过来的，他认为您可能对我们的产品感兴趣，因为这些产品为他的公司带来了很多好处。"在讲究人情的商业环境中，大多数人都会给认识的人"面子"，因此这时你通常会受到热情接待。我们可以利用这一点来提高客户对我们的信任度。

问题来了，如果没有条件利用名人效应建立开场白，那么应该怎么办呢？

在电影《大话西游》里面，紫霞仙子有一段经典的台词，她说："我知道有一天，他会在一个万众瞩目的情况下出现，身披金甲圣衣，脚踏七色云彩来娶我。"小伙伴们，这说明什么？说明她对她的意中人有所期待。因此，当孙悟空的出现符合她的期待时，她才会那样欣喜，甚至感到这是命中注定的。

亲爱的小伙伴，你有期待吗？你期待有人爱你吗？你期待领导为你升职加薪吗？在现实生活中，我们每个人都有所期待，我们期待自己拿下大单子，期待生活有所改变，期待被我们爱的人理解。其实，在销售过程中，除了我们有期待，客户也是有期待的。

如果销售人员以迎合客户期待的话开场，就可以瞬间抓住客户的心，毕竟谁都希望自己的期待得到满足。

举个例子，如果客户的期待是降低成本，那么你可以说"张总，您好，我帮您算了一下，您购买我们公司的产品会使贵公司的成本降低一半"，或者说"张总，您好，如果您和我们合作，那么我们可以让贵公司的业绩在三个月之内提高20%"。这两种说法都能说到对方的心坎上，瞬间激起客户的兴趣，客户可能会想"是的，这就是我想要的""我等不及要实现突飞猛进了"。接下来，不用你再多说什么，客户就会主动询问你接下来的计划。

建立迎合客户期待的开场白，除了会瞬间抓住客户的心，还会促使客户朝我们期待的方向行动，这在心理学上被称为"期待效应"或"皮格马利翁效应"。其意思是期望者对被期望者施加一定的心理影响，可以使得被期望者按照期望者的期望去做。

这个理论听上去比较复杂，这里用一句简单的话来解释，即"他人认为你是什么样的人，你就会逐渐变成那样的人"。

这个理论也说明了一个道理——"人们会朝他人期待的方向发展"。因此，小伙伴们要学会利用"期待效应"，让客户不知不觉地按照我们的期待给予回应。

此外，要想有一个好的开场白，销售人员还要学会适当地恭维精准客户，消除客户的疑虑，取得客户的信任，这样之后的成交就会变得顺理成章。

日本销售之神原一平就非常擅长利用这一技巧。有一次，他突然去拜访一位客户，当客户颇为不满地问他是谁时，原一平是这样说的："您好，我是明治保险公司的原一平，今天我是专程来向您这位附近最有名的老板求教的。"客户很疑惑："附近最有名的老板？"原一平说："是啊！我这个问题非常棘手，大伙儿都说这个问题必须得请您出马解答。"客户暗自开心："原来大伙儿都这么评价我啊！真不敢当，到底是什么问题呢？站着不方便，进来说吧！"

当突然去拜访客户时，往往显得十分唐突，而且容易招致客户反感和拒绝，而利用这种方法可以很好地打消客户的疑虑，让沟通继续进行。

（二）提问越短，效果越好

销售专家戈德曼博士曾经强调，在面对面的销售中，说好第一句话是十分重要的。因为客户听第一句话的时候要比听后面的话认真得多。通过第一句话，客户会在心里做出决定，是继续聊下去，还是转身离开。

那么，除了前文提到的开场方式，如果遇到比较难缠的客户，或者当客户出现明显的抵触情绪时，我们应该怎样应对呢？

不要着急，这时候我们可以通过提问来引导客户，我们应恰当地引入问题，比如："张总，您好，我来这里不是为了销售任何产品，我要做的仅仅是提一些问题，通过这些问题看看我们是否可以帮助贵公司达成目标。"

假如你想要让客户对你有深刻的印象，那么在拜访客户之前，你可以准备几个问题（包括备选问题），并给他做一份详细的帮助其公司提升业绩的报表。这样一来，当你向客户提问的时候，假设客户给予你的回应是肯定的，你就可以这样说："张总，您好，在我们正式开始谈合作之前，我能否请教您一个问题？"当你把话题的焦点偏离销售，转向一个与客户的职业挂钩的领域时，他一般会敞开心扉与你交谈。从这个提问开始，客户往往会把注意力放在你身上。

一位老太太经常去市场买水果。一天早晨，她提着篮子遇到了第一个小贩，小贩问道："您要不要买一些水果？我这里有李子、桃子、苹果，您买哪一种？"老太太本来想买些李子，但她看了一圈，摇着头走了。很快，她遇到了第二个小贩，这个小贩也热情地招呼她，问她要买些什么水果，老太太说要买些李子，小贩立刻说："我这里有很多种李子，又大又甜，您要哪一种？"老太太摇了摇头又走了。

当老太太在市场走了快一圈的时候，遇到了第三个小贩，她告诉这个小贩自己要买些李子。小贩没有急着给老太太称，而是问道："您买李子给谁吃呢？"老太太回答："我儿媳妇，她怀孕了，想吃酸的。"小贩听后马上说："老太太，您对您儿媳妇可真好，她一定会顺顺利利生个白白胖胖的孩子！"老太太听了很高兴，小贩又问："那您知不知道孕妇需要补充什么营养呢？"老太太摇了摇头，小贩接着说："孕妇特别需要补充维生素，这对胎儿的发育十分重要。比如这个猕猴桃，维生素含量非常丰富，十分适合孕妇吃。"老太太听完高兴极了，立刻大手一挥，说："李子、猕猴桃我都要一些！"从那以后，老太太成了第三个小贩的常客，并且经常跟他探讨孕妇所需营养问题。

在这则故事中，三个小贩卖的东西并没有多大差别，为什么结果却不同呢？显然，帮助客户解决问题的提问式开场白起到了非常重要的作用。由于三个小贩提问题的方式和提问题的角度不同，最终得到的结果也截然不同。

从专业的角度来说，销售的本质是帮助客户解决问题和痛点。因此，客户有需求，我们有方案，就可以一拍即合，顺利达成合作。

再举个例子，一位客户走进你所在的电动车专卖店，问：

"这辆电动车多少钱？"这时就十分适合用问题回应，你可以这样回答："您好，这款电动车是今年的新款，您是自己骑还是送人呢？"如果客户好奇地问"这有区别吗？"，你就可以为其介绍二者的不同："当然有区别了，如果您自己骑，那么可以选择另一款性价比更高的电动车，那款电动车物美价廉，购买的人非常多；而如果要送人，那么选择今年的新款肯定会让您更有面子。"

假如你是客户，那么你会不会心动呢？销售人员先询问你的需求，再站在你的角度帮助你解决问题。

总而言之，我们在销售产品的同时，其实也在展示自己的观点、感情和解决问题的能力，成交的过程就是说服的过程。因此，销售高手可以说也是说服高手。当你可以在第一时间给对方一个无法拒绝的理由时，胜利就在向你招手。

四、快速锁定成交背后的关键人物

我们都有这样的常识：想要减肥，找健身教练效果更好；想要出口成章、口才好，需要找专门的老师进行指导。不管你想做什么事，学习一种什么技能，如果能找到专门的老师，让他们为你提供帮助，那么你大概率会取得较大的进步。

对销售行业来说也是如此，我见过很多刚入这一行的小伙伴，开始做业务的时候往往"胡子眉毛一把抓"，找不到头绪，抓不住重点。这可以理解，毕竟新人没什么经验，难免会多走几步路，多跑几千米来熟悉业务。然而，还有一些已经入行多年的销售人员也会犯这样的错误，说他不努力吧，但他总是忙忙碌碌，而成交率实在惨不忍睹。有人说，这是因为自己没有发财的命，其实不是他没有这种命，而是因为没有找到成交背后的关键人物，所以才会一直原地踏步。

（一）"拜对佛才能烧对香"

人在职场，都希望能够遇到自己的贵人，让自己少走几步弯路，最好平步青云，迅速走上人生的巅峰。然而，理想是丰满的，现实是骨感的，在这个世界上，"千里马常有，而伯乐不常有"。能不能得到贵人的提携，除了依靠运气，还要有发现贵人的眼光。

俗话说"拜对佛才能烧对香"，就连好多人都喜欢看的电视剧《西游记》里面，神通广大的孙悟空在遇到各路妖怪的时候，首先也要了解妖怪的来路，然后才去找能够降住妖怪的神仙帮忙，这不就是典型的"拜对佛才能烧对香"吗？

在销售行业有个"铁三角"定律，就是前文提到的"找对人，说对话，做对事"。其中，"找对人"甚至比"说对话"都要关键，因为如果你没有找到关键决策者，甚至连客户的需求都没有了解清楚，那么这次销售就不会是一次成功的销售。

我们下面要说的"找对人"，不仅仅是指"找准目标客户"，而是在了解客户的采购流程之后，在客户采购的每个阶段，都能在与对方的接触当中迅速找到关键拍板人，并快速与对销售进程有影响力的关键人物建立良好的关系。比如，在需求确定阶段，我们需要寻找的关键人物是使用者；在技术标准确定阶段，我们需要寻找的关键人物是技术人员；而在购买阶段，高层管理者具有决定性作用。

那么，我们怎样才能找对人呢？

帕麦斯顿（曾任英国首相）说过"A country does not have permanent friends, only permanent interests"，这句话翻译过来就是"一个国家没有永远的朋友，只有永远的利益"。

每个人都希望找到能帮助自己的贵人，但贵人为什么愿意帮助你呢？想象一下，如果现在有一个乞丐很真诚地拍着你的肩膀说"兄弟，只要你愿意帮助我，我可以和你做朋友，为你两肋插刀"，那么你是会十分感动，还是对此嗤之以鼻呢？

可见，如果我们想要找到成交背后的关键人物，要做的第一件事就是判断哪些人是我们要找的人，哪些人是我们应该拉近关系的人，这就是做销售的第一件大事——"拜对佛"。在寻找关键人物的过程中，我们不能只凭借感觉，而是要从部门、痛点等角度进行综合分析，这样才能让自己的思路更加清晰。

　　举个简单的例子，一名销售人员来到某公司推销台式电脑。他来到该公司前台，在说明自己的身份后，便询问前台人员公司有没有这方面的需求。前台人员很有礼貌地回答，公司目前没有这方面的需求，如果他愿意，那么可以留下一张名片，以后有需要再联系。这名销售人员叹了口气离开了，这已经是他那天走访的第五家公司了，对方的回复都大同小异。现在的生意真不好做啊！

　　过了一天，同公司的另一名销售人员也来到这家公司，他走到前台，告知前台人员想拜访公司的采购负责人。在得到对方的肯定答复后，他向采购负责人表明了自己的来意，对方明确表示下半年公司正好要更换一批台式电脑，并与这名销售人员进行了深入交流，在详细了解了目前的机型和报价之后，很快确定了大批量订购的目标。

　　这则故事只是简单地说明找到关键人物的方法，毕竟在实际销售工作中，很多"能拿主意"的大人物不是"神龙见首不见尾"，就是高高在上、遥不可及。销售人员要想顺顺利利地见到"真佛"，不仅需要一点运气，还要睁大眼睛细心察访。

（二）找出"做得了主"的人

　　曾经有人对我说，做销售最累的不是身体，而是心。因为对客户来说，这可能是第一次与销售人员沟通；但对销售人员来说，同样一款产品他可能已经给很多人介绍过了。

这还不是最让人疲惫的，更让人崩溃的地方在于，即使你给很多人介绍过，也不一定付出就有回报。有时候，你明明觉得对方已经有了成交的意向，正当你打算铆着劲头乘胜追击的时候，对方扔过来一句"我做不了主"，立刻就能让你的心情低落起来。

那么，为了让自己的付出获得较高的回报，我们应该如何从众多的决策者中，找出具有决定权、做得了主的人呢？

这时候就要用到销售人员的基本能力了，也就是"一听二问三说"。在销售中，"问"永远比"说"更重要，因为你说的话越多，你可能暴露的短板就越多，而客户说的话越多，你捕获的信息才会越多。要想迅速找出能够做主的关键人物，我们可以利用以下七种方法。

第一，借助目标企业的网站或公众号。如果你要合作的企业有自己的网站，那么你可以通过网站上面的内容来判断客户在企业中的职位和拥有的权力大小，还可以进一步了解企业的业务及人员架构等。

在互联网不发达的年代，我们只能通过挨个跑目标企业来获取企业内部信息，但现在不同了，随着互联网的发展，我们获取信息的方式比以前简单多了，只要你肯花费精力，就可以找到很多与目标企业相关的信息。

第二，借助短视频或直播渠道。

随着短视频的蓬勃发展，很多企业的关键决策者都会利用短视频来宣传自己的企业，甚至有些品牌负责人还会自己开直播来介绍企业的产品。因此，在这个科技发达的时代，只要我们肯用心，就可以较容易地找到目标企业的关键决策者，甚至可以采用留言或私信的方式与目标企业的关键决策者进行沟通。

第三，通过找到与目标企业类似的组织架构，来判断企业的关键决策者。

很多时候，我们做销售时接触的企业类型大同小异。很多企业在组织架构上是十分相似的，只要你认真地思考、类比，就可以通过相似的企业找到目标企业的关键决策者。

第四，通过获得目标企业内部的名片来判断关键人物。凡是做过销售的小伙伴，都对收集名片十分熟悉。但现在很多人都改成添加微信了，有些企业微信还会显示企业人员的职位名称，这对你找到关键人物是非常有利的。

第五，通过对方发来的邮件判断对方在企业中的职位。有些企业邮箱末尾是附带重要信息的，因此你不妨通过企业邮箱来判断对方在企业中的职位。

第六，通过给目标企业的前台人员打电话，判断企业的关键决策者。

如果在采用以上五种方法后仍不能确定关键决策者，还有一种十分直接、有效的方法，就是直接给目标企业打电话。一般来说，企业的前台人员知道企业负责人及各部门的联系方式，咨询前台人员既省时又省力。

第七，通过直接去目标企业面谈，找到企业的关键决策者。跟大家分享一个小诀窍：如果在人多的场合，一直喋喋不休、忙里往外的人大概率级别不高，而坐姿随意、说话惜字如金的人，极有可能是你需要重点关注的对象。

除此之外，在寻找关键决策者的过程中，还要特别注意一点：不要忽视除关键决策者之外的人的意见，尽量在抓重点的同时，做到面面俱到。这样一来，成交可以说十拿九稳了。

五、被动成交，让客户替你说话

想象这样一个情景：当你在职场中摸爬打滚很多年之后，终于坐上了管理层的位置，你首要的任务是调整人事，这时摆在你面前的有两个人选，一个是跟你一条战线的人，另一个是总跟你对着干的人，你会选择提拔哪个人呢？

毋庸置疑，我们都会选择前者，这不仅是出于利益方面的考虑，还有一个原因，是埋在我们内心深处的自我保护的需要。

从人类进化的角度来说，当人类第一次从洞穴中走出，面对陌生的环境，难免会产生不安全感，为了生存，原始的人类开始组成部落，并对不属于自己部落的一切充满警惕。这种谨慎和怀疑的态度使人类在当时残酷的环境中活了下来，这种自我保护的需要也伴随人类的发展一直延续到现在。

在生活中，我们都喜欢跟喜欢我们的人一起共事，喜欢和喜欢我们的人一起生活，同时会对不知底细的陌生人敬而远之。然而，在如今的商业社会，我们无法只待在自己的安全圈里，需要走进"丛林"，去寻找与我们"同频"的人，这样才能更好地开展商业活动。

这是一种双向选择，那么我们应该如何做才能让客户喜欢我们，从而顺利签约呢？

（一）结成同盟，统一战线

要想让陌生人变成"自己人"，主要有两种方法：一是跟他的生活产生交集，二是与他成为事业合伙人。

对销售人员来说，参与客户的生活这种方法不太现实，那么还有后面一条路可以选择。如果与客户建立联盟关系，将你的利益与客户的利益捆绑在一起，那么接下来的交谈就十分顺畅了。

可是，在如今这种商业环境日渐复杂的情况下，如何与客户建立联盟关系呢？如何使客户成为"自己人"呢？

首先，我们要学会站在对方的角度思考问题，当我们学会站在他人的立场上办事、为他人着想、关心对方的利益和兴趣时，就会比较容易得到对方的信任。一旦得到对方的信任，你们的联盟关系就具备雏形了。

在美国经济大萧条时期，山姆·沃尔顿开的齿轮厂跟大部分中小企业一样，面临倒闭的风险。为了自救，沃尔顿写信向所有老客户和老朋友求助，考虑到大家的日子都比较艰难，沃尔顿在给每个朋友寄信的时候，都附上2美元，作为回信的邮票费用。这些钱虽然不多，但这是他变卖了一部分家产才凑出来的。

大家都知道他的处境艰难，也知道这2美元的分量。他们非常感动，回想起了沃尔顿平日里的种种善举。很快，大家的回信像雪花一样飞来，给沃尔顿带来了很多订单，还有人要给他投资，终于让他撑过了十分难熬的时光，迎来了繁荣的曙光。

沃尔顿的可贵之处在于他会站在对方的角度思考问题，他想到的是他人没有义务给他回信，所以当他人给予回馈的时候，他也把成本算在了里面，这使得很多人愿意和他一起共事，以及和他建立联盟关系。

同理，如果你想让他人信服你，就需要转换立场，认真考虑对方的需求和感受，以对方期待的方式对待他，引导他变成"自己人"，这样他才会心甘情愿地帮助你。

其次，我们可以通过帮助客户的方式得到客户的信任，并与之结成同盟。

有一个可怜的年轻人，因一次意外腿瘸了，最后沦落到以乞讨为生。有一天，天降大雪，他在一座豪宅前遇到了一位老人。老人问他："孩子，你为什么要乞讨？你这么年轻，完全可以找一份工作。"乞丐回答："谁会雇用一个残疾人呢？我想学做生意，但是没有本钱。"

老人怜悯地看着他，说："我可以借给你一枚金币，但是我有一个要求，你必须在一个月之内还给我。我还要告诉你一个做生意的秘诀，那就是想着怎样帮助他人。你帮助的人越多，你赚的钱就会越多。"

这个年轻人拿着钱走进了一个村子，发现有许多商人赶着马匹从这里经过，那些马经过长途跋涉，全都疲惫不堪了，无论商人怎么赶都不走。年轻人想起老人的话，于是他去村子里找了一批小孩儿帮他割草，又从村民家中买来很多桶水。在准备完毕后，他换上了一身干净的衣服，走到那些商人身边对他们说，他有草料和免费的水，可以供马儿补充能量，至于报酬，看着给一些就行。

商人们求之不得，纷纷掏出身上的零钱交给他。一个月之后，这个年轻人已经不再是乞丐了，并且兑现了自己的承诺，也改变了自己的命运。

人们常说，帮助他人就是成就自己。格局越大的人往往越懂得帮助他人，做到彼此成就，共同成长。对销售人员来说，这一点同样适用。如果你想将产品卖给客户，那么不妨先想一想自己能够给对方提供什么？你的产品可以解决客户的哪些痛点？你的产品可以帮助客户做到哪些方面的优化和改善？

做生意也要讲人情，如果你能够让客户得到更多的好处和利益，你在帮助他的过程之中，就可以自然而然地与客户结成同盟。

（二）积极行动，贴心服务

客户都喜欢专业性强的销售人员，销售高手往往会把自己打造成专家级别的人物，以此来博得客户的信任，因为销售人员的本职工作就是为客户解决问题，即使客户只想购买一块肥皂，他可能也需要弄清楚你的肥皂和其他的肥皂有什么不同。

作为买方，由于缺乏产品专业知识，因此特别希望跟非常懂货的销售人员打交道，也就是我们所说的专家。可能有小伙伴会问，如果我无法在短时间内成为业内专家，那么应该如何打动客户呢？

首先，我们可以先影响客户的情绪，再影响其行为模式。在面对客户的时候，我们需要让客户感受到什么样的情绪呢？当然是积极的情绪，如感动、高兴、兴奋、敬畏等。因此，我们可以采取积极的行动，通过展现自己的阳光、自信，让客户由衷地信任我们，从而使客户的选择更倾向我们。

我观察过身边业绩很好的销售人员，发现他们有一个共同的特点，就是十分阳光、自信，在与他们交谈时你会感到如沐春风。相反，一个不自信的销售人员，几乎不可能把产品卖出去。毕竟，如果连你自己都不相信自己，客户又怎么可能会对你产生信任感呢？

人们都喜欢和具有正能量的人打交道，销售人员要善于传递正能量，这有助于成交和业绩提升。

我曾经带过一个销售经理，为了在客户面前侃侃而谈，给客户留下良好的印象，他每次在见客户之前，都会根据客户的年龄、爱好等，准备至少三个话题，如足球、文学、茶道、插花等。有一次，他恰好遇到一个痴迷茶道的客户，仅仅聊了十几分钟的茶文化，客户就对他十分欣赏，将他视为知己，不仅当场签约，还把他推荐给了业内朋友。

另外，有些销售人员在见客户的时候，如果第一次销售不成功就会很沮丧，甚至开始怀疑自己的能力，变得畏首畏尾。俗话说"胜败乃兵家常事"，对销售高手来说，失败是成功前的历练，这次不行我认真准备下一次，这个方案不行我认真准备下一个方案。当你具有这种精神以后，往往也会感动客户。因此，小伙伴们在销售的过程中一定不要忘记初心和丢失信心，初心和信心比黄金更可贵。

其次，做一些超出客户期望的事。

我们都知道让客户满意的重要性，怎样才能做到让客户满意呢？这就"仁者见仁，智者见智"了。有些销售人员只做分内的事情，而有些销售人员会做一些超出客户期望的事，其实那些超出客户期望的部分，就是打动客户的关键。

我之前有位同事在这一点上做得非常好。有一次，他在跑项目的路上遭遇了一场暴雪，高速公路和大桥都被封住了，他也被困在了半路上。出于安全考虑，我们都跟他说不要去了，客户那边也同意项目暂缓实施。但他觉得，既然答应了客户到访，就要努力克服一切困难。于是，他一个人在车里住了整整两天，等到高速恢复，就直接赶往了目的地。

当他出现在客户面前时，不夸张地说，客户的眼睛里闪着泪花，拉着他的手感动地说："太不容易了，你太不容易了。"至于结果，当然是顺利签约了。

再次，牢记对方的名字和职位。

戴尔·卡内基说过："一种既简单又重要的获取好感的方法，就是牢记他人的姓名。"

在工作中，我们每天都要接触大量的客户，但能记住的名字很少，以至于再次见到他们时，只是看着面熟，却想不起来在哪里见过，更别提叫什么名字了，甚至会出现"张冠李戴"的情况，这导致我们在沟通中处于不利地位。

小婷是某公司的销售主管，该公司要发展一个大客户，于是她花了很长时间策划了一场演讲，一切都尽可能做好，她自认为没有什么疏漏了。

演讲的这一天终于来了，小婷自信满满地站在台上为客户讲解产品的功能、优势等，过程相当精彩。很快演讲便结束了，小婷赢得了热烈的掌声，她自己也很满意这次演讲。然而，当客户来到她面前向她表示祝贺时，小婷尴尬地发现，自己竟然忘了这位客户的姓氏，只能选择敷衍过去，这使得客户有些不满，并且产生了被忽视的感觉。

小婷的演讲虽然很成功，但是因为没能记住对方的名字，致使对方对她的好印象打了折扣。

可能有些小伙伴觉得，每天见那么多人，不能很好地记住对方的名字并不是一个很大的缺点，因此对此完全不在乎。做到这一点虽然很难，但当你能够比他人多记住一些人名时，你所获得的成就也可能比他人高。当你记住一个人的名字，并且很自然地说出来时，会使对方感到自己是被重视的，从而会对你产生好感。

（三）个性服务，精准成交

世界上最伟大的销售员乔·吉拉德曾经说过："如果我们都找到两大武器——倾听和微笑，人与人之间就会更加亲近。"

回想一下以往的工作，作为销售人员的你，有没有认真倾听过客户讲话？有没有认真研究过每个客户的喜好？知不知道每个客户的生日？有没有为你的客户提供过个性化服务？我们先来看一个例子。

有一天，一位穿着普通的女士走进福特汽车商行，因为她很喜欢她表姐那辆白色的福特汽车，所以自己也想购买一辆。然而，由于这款汽车正在热销，福特汽车商行的老板让她一小时后再过去。她感到很无聊，便穿过马路走进乔·吉拉德的汽车展览室。

刚一进门，这位女士便说明了自己的来意——消磨时间。乔·吉拉德微笑着表示欢迎，在听说当天是这位女士的生日后，他小声向身边的助手交代了几句，然后便开始向她介绍自家的汽车。

十几分钟后，助手回来了，并带来了一束鲜艳的玫瑰花。乔·吉拉德将这束玫瑰花郑重地送给这位女士，并祝她生日快乐。这位女士感动得热泪盈眶，非常激动地说："太感谢你们了，我已经很久没收到过这样漂亮的礼物了。之前我十分想购买一辆福特汽车，现在我觉得并不是非它不可。"后来，那位女士从乔·吉拉德那里买了一辆白色雪佛兰汽车。

正是凭借这些个性化的细节服务，乔·吉拉德创造了空前的效益。很多人是感性的，当你非常在乎客户，时刻为客人着想的时候，客户也会因为你的贴心服务而感动，并大概率会成为你的合作伙伴。

销售是一门科学，也是一门艺术。你既要懂得各个领域的底层逻辑，也要掌握很多心理学方面的知识和人际关系处理技巧。一名优秀的销售人员，不仅是能读懂人心的心理学家，还是运筹帷幄、善于沟通的社交艺术家。

最后，虽然一份合约能否成功签订，并不是销售人员能够掌控的，但是为成交做些什么是其能够掌控的，不要觉得做什么都是在做"无用功"，什么都"没有必要"，如果你想在这条路上走得更远，在如此激烈的竞争中生存下来，就应努力掌握以上方法并烂熟于心。

六、销售任何产品给任何人的心理法则

正所谓"一千个读者就有一千个哈姆雷特"，世界上没有两片完全相同的叶子，我们每个人都是独特的，每个人都有自己的秉性和特点，即使是同一本书、同一幅画，其中的每段文字、每帧色彩，由不同的人去看也会有不同的理解，甚至同一个人在不同的时期也会有不同的理解。

正因为如此，这个世界才这样多姿多彩。试想一下，如果这个世界上只有一种红色的花朵，那么该多么无趣啊。我们在工作中会遇到各种各样的客户：有的人豪爽，有的人小心谨慎，有的人优柔寡断，有的人温柔随和，有的人吹毛求疵……有些小伙伴说，自己只擅长应对某种性格的客户，而对

其他性格的客户完全束手无策。

其实，如果我们把各种类型的客户都比喻成一把锁，有的人手里只有两三把钥匙，那么他就只能打开特定的两三把锁，而有些人手里有很多把钥匙，那么不管遇到哪种类型的锁，他都能轻松打开。这些锁就是不同性格客户的不同防御机制，而钥匙就是我们解除其防御机制的手段。

下面让我们一起来看看如何针对不同的客户采取不同的成交策略吧！

（一）以退为进，欲擒故纵

在恋爱中有这样一句话："高端的猎手总是会以猎物的方式出现。"什么意思呢？就是说高端的猎手一般会把自己伪装成猎物，等真正的猎物上套的时候，猎手和猎物的身份就会发生转变。比如，有些女生明明已经对男生动心，但她们并不会先表明心意，反而表现出一副或高冷或柔弱的样子吸引男生先向自己告白。

有些男生因为不知道这个"套路"，还以为自己通过努力俘获了女神的芳心，对这段感情也会更加珍惜。对女生来说，这种以退为进的方式正是她吸引男生的一种手段。

回到销售领域，面对一些高净值客户，如果我们一味主动，很可能会引起对方的轻视，"因为太容易得到而不加珍惜"，这个时候我们就可以从恋爱中得到一些启发，那就是少一些主动，多一些吸引，利用一些技巧吸引客户的注意力，让他不知不觉受你的感染。

在美国一个小镇上，有一家格调高雅的餐厅，虽然菜品、装修都十分用心，生意却十分冷清。有一天，店主正在翻阅当地的电话号簿，突然发现一个名叫约翰·韦恩的人，他正好与当时的一位名人同名。店主灵机一动，便给这位名叫约翰·韦恩的人打去电话，并免费赠送了他一份店里的豪华晚餐，请他下周二务必前来用餐。

在安排完毕之后，店主在门口贴了一张海报："欢迎约翰·韦恩下周二光临本店。"人们都以为是那位名人，于是纷纷前来订餐，直到周二晚上，人们才惊讶地发现走进店里的是一个平平无奇的农夫。当人们反应过来之后，倒也没有生气，反而为自己的想当然感到十分好笑。店主也因此宣传了自己的菜品，效果比直接打折有效得多。

试想一下，假设店主只是一味地讨好客人，直接到大街上发传单邀请客人进店，会不会吸引这么多人前来就餐呢？

我想不会。很多时候，我们拿着好东西为什么却送不出去？因为你的产品或者你不够吸引人，你无法凭借讨好的姿态吸引他人，"过于主动"并不会带来高价值！

很多小伙伴在做销售的时候，总觉得拜访客户是一件很困难的事，有的人甚至在拜访客户前会产生紧张、焦虑等情绪，为什么会这样呢？

简单来讲，是因为你不够自信，总觉得是自己有求于客户，所以把自己的姿态摆得很低。这种低姿态客户看在眼中，不仅会加强他的防范心理，他也会因此轻视你。如果你将自己的姿态摆得高一些，反而会吸引客户驻足。

若一个人姿态高，会让他人觉得他非常强大。正如马太效应所反映的："强者越强，弱者越弱。"在我国道家经典著作《道德经》里面，也有"天之道，损有余而补不足；人之道则不然，损不足以奉有余"的说法。不管是西方的哲理还是东方的智慧，讲的都是一样的道理，你越强大得到的也会越多。因此，小伙伴们不要过于放低姿态，有时候以高姿态来展示自己的强大和价值，客户自然会被你的气场吸引。

曾经有一位女性销售人员走的就是这条路线。每当她出去谈项目的时候，都会穿着高档服装、开着豪车，去哪里都像在考察工作而不像在销售产品。然而，客户都非常喜欢她，因为大家都觉得她已经这么富裕了，不会急着让自己去购买她家的产品，她只是过来交朋友的。

你看，人都是习惯"趋利避害"的，当你以高姿态来吸引客户的时候，往往会在无意中解除客户的防御机制，让他们主动靠近你。

（二）反客为主，创造机会

在畅销书《小王子》中，小王子所在的星球突然绽放了一朵娇艳的玫瑰，小王子非常喜欢这朵花，于是精心呵护它。后来，小王子来到地球，发现到处都是玫瑰，每一朵都与他的玫瑰长得相似。他很伤心，但朋友对他说："正因为你为你的玫瑰花费了时间，这才使你的玫瑰变得如此重要。"他这才明白，尽管世界上的玫瑰很多，但让他付出了时间的那一朵才是独一无二的。

从心理学的角度来说，人们往往对让自己付出了心血的事物感情更深。因此，如果你已经顺利吸引了客户的目光，那么接下来不妨试试反客为主，让客户主动为你付出。

1976年的一天，富兰克林在发表完演说之后，其观点遭到了一位议员的强烈反对，这让富兰克林感到十分棘手。为了争取这位议员的同意，富兰克林给他写了一封信，信中没有谈及任何有关工作的信息，只是向议员提出了一个请求，希望能借用一下其收藏的一套已经绝版的图书。这个看上去有些厚脸皮的请求，竟然被议员欣然同意了。

几天之后，富兰克林与这位议员在会议厅偶遇，议员破天荒地主动跟富兰克林打招呼，还跟他进行了十分愉快的谈话，两个人之前在观点上的分歧也得到了解决，后来两个人还成了莫逆之交。

这就是著名的"富兰克林效应"，指与那些被你帮助过的人相比，那些曾经帮助过你的人更愿意再帮助你一次。换句话说，让他人喜欢你的十分有效的方法不是去帮助他们，而是让他们来帮助你。如果你想获得一个人的支持（尤其是圈子外的人的支持），那么建议你先找他帮个忙，相信接下来事情大概率会朝良好的方向发展。

正所谓"关系是麻烦出来的"，若找不到机会，就要学会自己创造机会，请客户帮自己一个小忙，也许就能找到成交的突破口。

20世纪中期，美国卖吸尘器的人需要挨家挨户上门推销，一位销售人员年年都是销冠，即使在经济不景气的年份，他的业绩也十分突出。众人都不知道他有什么秘诀，直到他到了快退休的年纪，才决定将其中的秘诀分享给后辈。

他说，他在推销吸尘器的时候，从来不说"您好，您能给我5分钟时间让我来介绍一下产品吗？"，因为如果你这样说很有可能会遭到拒绝，你们的沟通就到此为止了。他要说的只有三句话，第一句话是"太太，您好，我刚好路过这里"，第二句话是"您这个花园收拾得真好"，第三句话是"我非常口渴，您能给我倒杯水吗？"。

销冠继续说，虽然很多人不相信，但这就是他成功的秘诀。第一句话主要用于减轻对方的压力，第二句话看到对方的价值并表示赞美，第三句话请客户帮自己一个小忙。虽然只有三句话，却包含着人与人之间从见面到建立关系的所有流程。同时，在客户去倒水和自己喝水的时间，我们可以一边与客户寒暄，一边介绍自己的产品。

销售并不难，但需要对每个环节都用心设计。因此，小伙伴们要学会创造机会，请客户帮自己一个小忙，以顺利与客户建立关系并自然而然地介绍自己的产品。

当你请求客户帮忙的时候，不仅可以消除客户的抵触心理，还会让自己暂时处于弱势地位，解除客户的防御机制，客户也会因为帮助了你而感到充实和愉悦。在这种助人的快乐气氛下，如果客户真的有需求，那么一般不会介意再帮你一个忙——帮你顺利完成销售任务。

（三）提供安全，消除风险

在商业活动中，不管什么类型的客户，都非常需要安全感，他们会思考你的产品质量好不好，你的公司会不会服务到位等。为了给客户足够的安全感，得到他们的充分信任，我们可以从两个方面入手。

首先，我们可以从成功的案例入手。

在恋爱中有这样一种现象：身边已经有女士陪伴的男士，看上去比单身的男士更有魅力，更能提升对异性的吸引力。这是为什么呢？因为他身边的伴侣从侧面证明了这个男士的价值。

在商业活动中也是如此，很多人都是经验主义者，经验代表着更具有保障。因此，当你下次见客户的时候，可以从你经手的成功案例展开介绍，根据每个客户具体的疑虑，给予恰当的解释。

一天，美国通用汽车公司收到一封投诉信，客户在信里指出，每天晚餐之后，他都喜欢开着通用汽车公司旗下的庞蒂亚克汽车（现已停产）去给家人买冰激凌。然而，只要他购买香草味冰激凌，就无法正常发动汽车，而购买其他口味的冰激凌不会出现这种现象。在多次验证之后，客户得到的结论是他的汽车对香草味冰激凌"过敏"。当技术人员收到这封投诉信后，看到这个令人啼笑皆非的理由，都将它看作一场恶作剧。当这个客户第二次寄来投诉信时，恰好被庞蒂亚克的总经理看到了，他立刻派一位工作严谨的工程师前去了解情况。

事实证明，客户说的问题确实存在，经过工程师的反复研究，终于发现了问题所在。原来，冰激凌店的香草味冰激凌卖得最多，所以被店家放在专属冰柜中，购买香草味冰激凌的等待时间要比购买其他口味冰激凌的等待时间短很多，从而不能给汽车的发动机留出足够的散热时间，导致汽车无法发动。通用汽车公司对这件事的处理方式成为业界美谈，为其赢得了更多人的认可。

正因为有这个成功的案例，消费者很容易相信，这个公司连这样荒谬的投诉都认真对待，一定非常靠谱。该公司因此给予了客户充分的售后保障和安全感，同时打开了销路。

其次，我们要学会借力打力。

讨好一个人容易，控制一个人很难。在如今这个社会，要想谋事，应先谋人，人不通事就不通。那么，人怎么通？如果凭借自己的力量或者方式打不通人际关系，我们就要学会借力打力！

法国国王路易十四在当政期间，有次没钱了，便想向银行家纳尔借钱。然而，这件事情并不简单，纳尔早就当众说过，不会借钱给国王。左思右想，路易十四计上心来，他先让一位著名的贵族在家中设宴款待纳尔，然后装作不知情突然到访。贵族一见国王来了，急忙上前行礼。路易十四和贵族寒暄了几句，然后转头对纳尔说："纳尔先生，你从来没有去过凡尔赛宫吧？我带你去看看！"

面对皇帝的亲自邀请，纳尔受宠若惊，跟着国王四处游玩，等他游玩结束回到贵族府邸，仍感觉像做梦一样，他赞叹国王的仁慈与慷慨，说他宁愿冒着破产的风险，也不想看到国王陷入困境。趁着纳尔心醉神迷，贵族提出借款给国王的请求，纳尔欣然答应，一下解了路易十四的燃眉之急。

试想，如果路易十四亲自设宴款待银行家，由于对方有言在先，那么他大概率会先行设防，让国王下不来台。然而，路易十四采用这种方法，既维护了银行家的面子，又达到了自己的目的。

我们在说服客户的过程中就可以采用这种方法，先了解客户想做的事情，再展示自己能帮助对方实现梦想的资源或者能力，就如同钓鱼投下诱饵一样，让对方心甘情愿地与我们合作，还从心里感激我们，听从我们的安排。

成交关键词：能量

你喜欢什么样的朋友？是喜欢充满正能量、每天积极向上的，还是喜欢具有负能量、整天垂头丧气的？我想大家都会选择前者。

人生百年，我们会遇到各种各样的人，但允许哪些人进入我们的生命，却是我们个人的选择。

古语有云："近朱者赤，近墨者黑。"你有什么样的朋友，你大概也就是什么类型的人。如今，人们习惯将朋友的层次定义为"圈层"，一个人的圈层代表着他的认知水平和他所处的环境，加入高能量的圈层或者每天接触正能量的朋友，会促使你充满能量，每天都充满活力，好运也会随之而来。

那么，如何让自己充满能量呢？小伙伴们可以参考以下三种方法。

第一，培养一些好习惯。

撒切尔夫人曾经说过："注意你的思想，因为它将变成言辞；注意你的言辞，因为它将变成行动；注意你的行动，因为它将变成习惯；注意你的习惯，因为它将变成性格；注意你的性格，因为它将决定你的命运。"

一家企业要招聘一名总经理助理，在招聘信息发出后，许多年轻人前来面试。这些人中不乏在世界500强企业任职过的经验丰富的精英，也不乏简历过硬的优秀应届毕业生。但结果出乎所有人的意料，被录取的竟是一个简历平平且没有相关工作经验的年轻人。

行政主管不解，请教总经理为何偏偏选中这个人。

总经理说："不知道你有没有注意到，他在进门前先在门口蹭掉了鞋上的土，进门后又随手关上了门，说明他做事小心谨慎；当他看到有位残疾青年前来应聘时，立即起身让座，说明他心地善良、体贴他人；他在回答我提出的问题时干脆、果断，既懂礼貌又有教养，并且给出的答案均合理；我故意扔掉了一团纸，其他人都坐在那里熟视无睹，只有他立即捡起来并扔进了垃圾桶，说明他做事积极主动；在和他交谈时，我发现他衣着整洁、头发整齐、指甲干净……我想这些要比其他人简历上醒目的任职经历更吸引我。"

一个人的一言一行都在展示着其文化修养、性格、品质、做事习惯等，这些集合起来便形成了一个人的个人品牌。如果一个人从他人口中得知你是一个值得信任、善良的人，他会愿意快速跟你成为朋友。反之，心理学上认为，一旦一个人形成了负面的个人品牌，想在后期改变是非常困难的，这就和我们在买东西获得不良体验以后，就不再轻易信任这个品牌是一样的道理。

可以说，良好的习惯是正能量的激发器。若你拥有良好的习惯，在不断重复的过程中，你的生命就会出现正向循环。

第二，改变你的语言。

古希腊哲学家德谟克利特曾说过："要使人信服，一句话往往比黄金更有效。"可见，语言的魅力非常大。我国著名的教育家孔子更是将言行的重要性比喻成个人的枢机，枢机一发主荣辱，可以惊天动地，不可不慎。孔子非常善于说话，他说话非常讲究原则和方法，即使学生做错了事情，他也会用恰当的语言来表达自己的想法。

除此以外，孔子还认为，言未及之而言谓之躁，言及之而不言谓之隐，未见颜色而言谓之瞽。这句话告诉我们，讲话要讲究时机，不该说话的时候不能说，不懂得察言观色会让人厌烦，要学会看时机、看场合。在销售过程中也是一样，好口才是成交的助推器，会缩短你与成功的距离。

第三，修炼你的气质。

有图书记载，古希望哲学家苏格拉底是个塌鼻梁、相貌丑陋的人，而且衣衫不整，根本就不像人们吹嘘的那样，有"智者""哲人"的风度，可是即便如此，当时还是有许多人被他吸引，真诚、热烈地追随他，把他当作偶像。

诗人拜伦在自己的书中塑造了一位风流倜傥的人物——唐·璜。这样一个虚拟的形象致使异性对拜伦十分迷恋，人们都以为他和他塑造的唐·璜一样英俊潇洒。然而，事实并非如此，他天生跛足，而且体弱，和人们的想象有天壤之别。

但尽管如此，人们还是疯狂地迷恋他。拜伦甚至曾经很自负地说："自特洛伊战争之后，没有任何一个人像我这样被抢夺过。"这到底是为什么呢？

人们常常说"腹有诗书气自华"，正因为他们具有气度且才华横溢，构成了一道完美的滤镜，才使得他们在人们心中十分高大。比如，有段时间新东方直播间十分火爆，为什么他们可以成为直播界的一股清流，让人们即使不买东西，也会守在手机前不忍退出呢？正是他们渊博的知识和不凡的谈吐，对其他人造成了降维打击，说到底，这就是气质的魅力。

在日常生活中，提升气质的方式很多，如看书、听音乐、看电影、看话剧、参加文化活动等，这些也都是丰富我们文化知识的良好途径。正所谓"读万卷书，行万里路"，我们还可以经常去旅行，去感受不同地方的人们的生活状态，了解更多，这样你就能够收获更多，久而久之，见识就多了，气质自然就提升了，我们的能量也会慢慢积蓄起来。

成交关键词：真诚

在《庄子·杂篇·渔父》中有这样的记载，真者，精诚之至也。不精不诚，不能动人。也就是说，真诚的人，若能做到十分诚心，就可以打动他人，不真诚就不能打动他人。

2020年，受新冠疫情的影响，很多企业举步维艰，有些企业甚至都没能熬过几个月的低谷期，为什么？除了大环境的影响，其自身原因也不少。比如，有些企业的领导者十分虚伪，喜欢自欺欺人，如果此时顺风顺水，那么这些虚假的特质可能会被繁华掩盖，但是当潮水退去后，那些曾经被拿来当作遮羞布的东西也就失去了用处，显出了荒凉的本质。

我曾经见过很多举止浮夸、腹内却空空的销售人员，用一句比较狠的话来形容，他们的特点就是"色厉胆薄，好谋无断，干大事儿就惜命，见小利而忘命"。他们平素好大喜功，实际上却经不起风浪。

古语有云："所谓修身在正其心者，身有所忿懥，则不得其正；有所恐惧，则不得其正；有所好乐，则不得其正；有所忧患，则不得其正。"这句话告诉我们要正心正念。人只有真心才会做实事，所以曾国藩可以成就一番天地。稻盛和夫也曾说过："企业就是道场，我们每个人都在上面磨炼自己的心性"。

如果一个人在工作中喜欢耍花招，习惯占小便宜，那么是成不了大事的。久而久之，不仅他人会远离他，资源也会离他而去。

小赵的表姐在国外做化妆品代购，于是小赵常常告诉大家，如果买东西可以找他，绝对会给每个人最低价。凭着同事关系，大家纷纷来找他代购化妆品，然而虽然他嘴上说对所有人一视同仁，但是背地里的态度截然不同：当普通同事找他时，他心不甘情不愿，各种推托；而当稍微有些地位的人找他时，他立马卑躬屈膝，折扣也会给到最低。

他自认为做得瞒天过海，只要搞定领导，接下来部门主管的位子就非他莫属了，殊不知大家的心里都跟明镜似的，久而久之，整个办公室的同事都对他非常不满，纷纷疏远了他。至于后来的选举，他自然毫无胜算，于是他灰溜溜地去了另一家公司。

在生活中，我们常说，要真诚待人。实际上，在销售工作中，销售人员具备真诚的特质也十分重要。

日本有个销售女神，叫柴田和子，说起她的成就，很多人都瞠目结舌，她就是自1978年起，连续20年蝉联日本保险销售冠军的人。

在她刚开始工作的时候，工作的地方是三阳商会，后来到了另一家公司，这家公司要求新业务员从陌生客户拜访开始做起，为此她的上司为他们各自指定了拜访的区域，然后让他们分头去拜访。

因为面对的全是陌生客户，所以这项工作是具有一定难度的。柴田和子对拜访陌生客户感到无从下手，故而根本没有按规定行动，为了完成任务，她想到了一种变通的方法，请原来她服务的公司的社长帮她介绍客户。

不得不说，这是一种非常有效的方法，因为在公司任职的时候她表现得很棒，所以社长一直没有忘记她，对她的请求也很乐意满足。

最后，有了社长的介绍，柴田和子在入职不足两个月的情况下签下了大单，一时成了公司的传奇人物。

为什么原来她服务的公司的社长愿意帮她介绍客户？为什么客户愿意与她签单？因为对一般人来说，只要签完单，货款两清，事情就结束了，但是柴田和子的操作与众不同，她不仅与客户签单，还和他们交朋友。正因为如此，在后来遇到困难的时候，才会有那么多人愿意伸出手来帮助她，这点非常值得我们学习。

不过，建立关系简单，维持关系却很难，那么她是怎样和客户保持联系的呢？

其实方法很简单，她会在重大节日或客户生日时，为其送上一些小礼物，如迪士尼乐园的入场券、音乐会的门票、戏票、音乐盒等，这些东西虽然不贵重，但是能够让人感受到她的诚意，让客户明白柴田和子还记挂着他们。人与人的感情是相互的，因为柴田和子记挂着他们，所以客户也记挂着她。

在现实生活中，只要你认真思考，并真心对待他人，那么他人是可以感受到你的真诚的，从事销售的小伙伴更应该注重这些。如果你能够真心实意做事、诚心诚意待人，那么一方面可以打稳根基，另一方面可以感染他人，从而比较容易成就一番事业。

其实，成事的关键说到底不过"真诚"二字，这个世界上没有那么多一见钟情，更多的是真心换真心！正因为真诚如此可贵，所以每个人都对它极其渴望，当一个人觉得自己被真诚对待的时候，这个人往往也会尽力去报答对方。

不管什么时候，真诚始终都是人与人交往的基础。因此，作为销售人员的你要记得，如果你没有强大的品牌背景，没有优秀的销售团队，没有丰富的人脉资源，那么你只能靠原始的、极能打动他人的技巧——真诚，相信你可以借此得到客户的认可和信赖。真诚的价值是不可估量的，平等、真诚地对待每个人，这就是成功的开始。

第三部分

力挽狂澜，锁定成交

7秒成交

高手签单就是不一样

一、读懂人心，才能事半功倍

中国有句俗语："画虎画皮难画骨，知人知面不知心。"可见，在人际交往中，识别一个人的能力多么重要。尤其在销售行业，要想成功决不能靠单打独斗，而是需要依靠很多人的力量，如果不能找到可靠的合作伙伴，或者识别不出十分有潜力的客户，那么恐怕付出再多最终也会竹篮打水一场空。

（一）拒绝是成交的开始

我们在前文一直强调，如何挖掘客户的潜力，如何先将陌生人发展成我们的准客户，再成为我们的成交客户。然而，这一切都有一个前提，那就是对这个客户进行判断——他值不值得你付出大量的精力去慢慢跟进。

很多时候，我们感觉对方是一口井，但到达井底才发现这其实是一口枯井。在销售工作中也是如此，倘若努力的方向不对，不仅没有收益，还会浪费你很多精力和时间，针对这样的客户我想说的是，一定要学会拒绝，该放弃的时候要学会主动放弃。

即使你已经在这个客户身上花费了很多心思，如果放弃以前的努力就都白费了，也要及时止损，因为如果你继续投入，只会白白投入更多。与其试图在一口枯井里取水，不如把时间用在发展新客户上更加划算。

我有一个朋友，她是做化妆品销售的，她的朋友圈有一个非常"神奇"的客户，每次有免费赠送的活动这个客户都会积极参加，平时交流也很积极，但好几年了却一次都没有购买过产品。在"三八"妇女节的时候，朋友打算做一期回馈客户的新品试用活动，果不其然，她又第一个出现了。

不过，这次朋友没有满足她的要求，而是直接拒绝了。从这件事中朋友悟出了一个道理：虽然销售是面向所有人的，但有些人注定不是我们的客户，如果你不能及时将他们分辨出来，他们的存在对你来说就是一种消耗。

在管理学中，有一个法则叫"二八定律"，其实在与客户的沟通中也有一个"二八定律"，就是要把 80% 的时间花在 20% 的客户身上，接下来只要做好基础维护即可。

不是所有的客户都是上帝，也不是所有的客户都值得被珍惜，对一些不能合作的客户，应该尽早剔除。这就需要我们在日常的沟通中，练好识人的技术，这样才能做到事半功倍。

（二）动态识人六步走

怎样识别一个人呢？以前，我们通常通过九型人格来判断一个人，然而人际关系的形成及维护是一个动态发展的过程，一个人在社会中扮演的角色会发生变化，而不仅限于一种类型。如果你还在用单一的标准来衡量一个人，那么真实情况可能会让你大跌眼镜。

关于如何识人，孔子曾说过："视其所以，观其所由，察其所安，人焉廋哉？人焉廋哉？"这句话告诉我们：看一个人，要看他的行为，分析他的动机，再看看他做这件事情的本心。要想对一个人做出正确的判断，我们可以从以下六个方面进行综合分析。

1.通过环境和原生家庭来判断

一个人的出身不会决定一个人的命运，但是一个人所处的环境会影响其思想和对一件事情的判断能力。因为人是环境的产物，很多时候环境对我们的影响是潜移默化的。

我曾经看过英国的一个教育纪录片，讲的是某贫穷的学校和一家私人名校之间的差别，在这个纪录片里两个学校的孩子互换了角色，需要到对方的学校里生活一段时间。没想到，过了一段时间，那些在贫穷的学校里调皮捣蛋的孩子在新的环境中学习十分认真。

谈及孩子们的变化，贫穷的学校的校长认为，让孩子们发生改变的不是学习内容，而是所处的环境。一个在良好的环境当中成长的孩子，一般更容易取得优异的成绩。

那么，对我们销售人员来说，要想知道怎样识别一个人，也应回到客户所处的环境当中，去判断在某情景下他会有什么样的举动。比如，如果一个人在行业内口碑极差，那么他在为人处世上可能有比较严重的问题；如果一个人在公司里职位很低，那么他可能对权力和金钱十分渴望；如果一个人在公司里非常有威信，那么他可能对他人是否认可其领导力很重视……当了解这些后，我们就可以识别出伪装的假象，探索客户深层的性格底色。

2.通过目标和影响力来判断

在1984年东京国际马拉松邀请赛上，日本选手山田本一出人意料地获得了冠军，谈及自己获胜的经验，他在自传中这样写道："在每次比赛之前，我都要乘车把比赛路线仔细看一遍，并把沿途比较醒目的标志画下来，比如第一个标志是银行，第二个标志是一棵大树，第三个标志是一座房子……这样一直画到赛程的终点。在比赛开始后，我就会以百米冲刺的速度奋力向第一个目标冲去，等到达第一个目标之后，我就会以同样的速度冲向第二个目标，40多千米的赛程就这样被分解成几个小目标并轻松地完成了。"

赢得马拉松比赛的秘诀如此，我们的人生又何尝不是呢？不管多么宏大的目标，都是由一个个小目标、小任务组成的，就像山田本一在赛道上通过目标点位确定自己的位置一样，我们也可以用目标管理来指导自己的行为。现在，请你问自己几个问题：我的目标是什么？客户的目标是什么？他们会为了完成目标做些什么呢？

如果你想识别一个人内心的真正想法，那么可以通过了解对方想要完成什么样的目标来实现。

中国历史上有一次重要的农民起义，即大泽乡起义（又称陈胜吴广起义）。在陈胜年少时，曾作为雇农给人种地，有一次，他在劳作的时候，突然把农具扔到一边，说："苟富贵，勿相忘！"旁边的人起哄道："我们一辈子种田，哪里有什么富贵的机会？"陈胜见众人不理解，也不再解释，只是回了一句："燕雀安知鸿鹄之志！"

这个例子可以给我们什么启发呢？一个人的志向是其人生观、价值观的综合体现，通过一个人的志向和目标，我们可以大致勾勒出这个人的基本形象和类型。比如，立志做家庭主妇的女性，比较偏向踏实稳定；立志要环游世界的人，性格比较开朗，崇尚自由，喜爱冒险。

正所谓"有多大的格局就可以成多大的事"，一个人的目标和其影响力是挂钩的，因此我们可以通过他人的目标和影响力来对其做出判断。

3.通过利益来判断

"人为财死，鸟为食亡。"人在终极利益面前往往会暴露出内心真实的一面。有的人刚正不阿，不为利益所动；有的人唯利是图，为了私利不择手段；有的人可以为了利益牺牲他人；有的人可以为了利益献出自己。金钱与利益就像一块人性的试金石，可以帮你看清一个人的内心，也可以试出一个人的品德。

曾国藩曾说过一句话："判断一个人能否成大事，只要看一个人的格局大小即可，格局小的人，纵使能力再强也终究难成大事。"因为格局小的人往往目光短浅，只考虑短期的利益，却没有长远的规划，而真正有格局的人，懂得用利益收买人心，用短期的利益换取更长远的利益。

胡雪岩小时候曾给地主放牛。有一次，他意外捡到了一个大包袱，里面装着白花花的银子。他想起母亲金太夫人的教诲，决定在原地等待失主。没过多久，来了一个神色慌张的中年人，一边走一边四处看，好像丢了什么东西。胡雪岩走过去一问，得知他丢了包裹，细问之下，此人描述的失物正好与胡雪岩捡到的包裹吻合。

既然失主找到了，胡雪岩就直接把包裹归还给了失主，拍着手打算回家。没想到，这个中年人叫住了他，听说他现在还在给地主放牛，十分可惜地说："你如此诚实守信，理应有光明的前途，我在大阜开了一家杂粮行，我收你做徒弟如何？"

胡雪岩因为这件事情开启了他不平凡的一生，不管生意做得多大，他都一直秉承着"真不二价"的原则。试想一下，如果当初他对金钱有了私心，那么杂粮行的老板会做出这样的决定吗？正是通过利益的考验，他才看清了胡雪岩的真心。

所以小伙伴们，怎样识人？利益是一面"照妖镜"，在它面前，人性会暴露无遗，大多数人在它面前都无法伪装自己。

如果你想看清一个人能否付出真心，那么不妨用利益诱之，相信会帮你获得答案。

4.通过解决冲突来判断

在日常生活中，谁都可以伪装成"好好先生"，但是一旦有冲突发生，人们真实的性格、脾气就会显露出来：有的人面对冲突常常意气用事，总想争个高低，这样容易把事情搞砸；而有的人可以将大事化小，小事化了，和平地解决异议。

在销售过程中，我们会遇到各种各样的人和各种各样的冲突，怎样化解冲突，其实是一个人能力、胆识和胸怀的综合体现。

一般来说，普通人在面对冲突的时候会有两种反应：要么逃跑，要么反击。如果一个人的内心足够强大，冲突就会有积极的意义：一方面，冲突会让你从不同的视角看待自己和对方；另一方面，冲突可以暴露问题，迫使你直面问题并思考如何解决问题。在这个过程中，我们可以通过一个人在冲突中的不同反应来判断其禀性。

5.通过微习惯和微表情来判断

一个人可能会撒谎，却很难伪装自己的肢体语言。因为当一个人进行某种思维活动时，大脑会支配其身体的各个部位发出各种微小信号，这是人们难以控制且难以意识到的。这些动作大多发自内心深处，极难压制和掩盖。

从可靠性方面来说，书面语在所有的语言表达之中可靠性是最低的。口语可斟酌和修改的时间要短一些，因此其可靠性比书面语高一些。而肢体语言往往最不容易被意识控制，人们往往会在无意之中暴露自己的真实想法，因而可靠性最高。很多时候，我们可以刻意用违背自己意愿的行为来糊弄他人，但是在微小的习惯上通常会暴露自己。

如果因为没有看懂他人的微表情，只根据他人的字面意思来与对方交往，那么难免会因为会错意而产生误会。我们应如何拨开迷雾，通过一个人的微习惯来判断其话语之下的真实想法呢？

（1）经常说"我"vs经常说"我们"。

一个人的口头禅会显示他内心的真实想法，有些人在跟他人聊天的过程中会习惯说"我"，而有些人习惯说"我们"。二者有什么区别吗？通常来说，习惯说"我"的人往往比较自负，并且一般不会过多考虑他人的感受，往往独断专行；而经常说"我们"的人考虑事情比较全面，会以大局为重，做事情时会多考虑对方的感受，比较体贴他人。

此外，一般做领导的人说"我们"这个词语比较多，因为领导想让他人和他一起干事情，所以自然会站在对方的角度去考虑；而职位比较低的人会经常性地说"我"，以显示自己的价值。

（2）习惯点头的人。

在现实生活中，"点头"是及时表达自己的认同，可以使说话者增强自信心，而习惯点头的人往往具有热心助人的性格特征，他们更愿意向他人伸出援手，能够尊重对方的弱点，欣赏他人优点，也会聆听对方的阐述并认真思考。

同时，他们十分清楚付出和配合的重要性，非常关心和体贴他人，不会独断专行。因此，他们的人缘通常不错，也喜欢广交天下好友。

我们在销售产品的时候，也会遇见喜欢点头的客户，一般来说，这样的客户往往非常好说话，至少会让你把要表达的想法全部表达出来。这样的人无论是作为长期客户还是合伙人，甚至作为朋友都是不错的人选。

（3）习惯双手交叉抱于胸前的人。

"双手交叉抱于胸前"属于一种防御性的身体语言，经常做这个动作的人往往对外有很强的排斥心理，并且警惕性很高，不太容易相信他人。除此以外，他们还往往容易犯自大的毛病，不愿意听取他人的意见，比较喜欢独处，有很强的攻击性，坚持自我主义。

如果在与客户聊天的过程中，客户突然出现了这样的动作，你就要提醒自己：客户已经开始不太相信我说的话了，并且已经开始在心里琢磨怎样反驳我了。这时你要学会及时调整谈话内容，不要再继续聊你们正在聊的话题。

如果在聊天当中，对方的脚呈斜45度站立，那么大概率表明对方想要结束聊天内容，这是想要离开的信号。当客户有这样的举动时，你也要适可而止，以免引起客户的反感。

（4）通过微表情来识别一个人。

人的面部表情有时是内心活动的真实写照，可以表达人们的想法和感受。一个人瞬间闪现的面部表情，可以揭示他的真实情感和情绪，很多没有说出来的话其实都已经通过微表情表达出来了。

很多人都说女性的第六感很准，其实所谓第六感是存在于人心中的潜意识，因为女性本身情感细腻，所以相对于男性，女性更容易捕获人们的面部表情，更能从细微处发现一个人面部表情的变化。

比如，当人们高兴时，往往嘴角翘起，面颊上抬起皱，眼睑收缩，眼睛尾部会形成"鱼尾纹"；当人们伤心时，会眉毛收紧，嘴角下拉，下巴抬起或收紧；当人们害怕时，嘴巴和眼睛会张开，眉毛上扬，鼻孔放大；当人们愤怒时，会眉毛下垂，前额紧皱，眼睑和嘴巴紧张；当人们感到惊讶时，会下颚下垂，嘴巴放松，眼睛睁大，眉毛微抬；当人们表示轻蔑的时候，会将嘴角一侧抬起等。

举个例子，当你询问某人是否喜欢一件物品的时候，可以重点关注他的脸，如果这个人看到这件物品的第一反应是皱眉，后来才开始微笑，说明这个人并不喜欢这件物品，他只是极力地表现友好而已。

因此，我们可以通过对方的微习惯或微表情来判断一个人当前的真实情绪。

6.通过人际关系来判断

"物以类聚，人以群分。"一般来说，人们会跟与自己价值观相似的人走在一起，因为有共同的话题和爱好。因此，当你识别一个人的时候，可以将他结交的朋友类型作为参考，也就是看他的朋友圈层。

在当今社会，圈层非常重要，每个人或多或少都有自己的圈层，既有深交的圈层也有浅交的圈层，在圈层里你可以获得一定的人脉，并且有些圈层自带磁场，可以帮助你提升能力。如果一个人能混到优质圈层，则说明他自身的素质也相当不差。

假如你来到一个陌生的城市，怎样才能快速融入当地的生活呢？加入一些有共同爱好的圈层，你就能很快找到志同道合的人，这是我们销售人员快速积攒人脉的途径，也是我们识别他人的一种方式。如果你想快速提升自己，那么应先提升自己的价值，然后快速融入一些有价值的圈层，这是一条走向成功的"捷径"。

以上就是我要讲的如何从六个方面识别他人，小伙伴们记住了吗？那么，如果我们已经通过识人找到了自己的目标客户，如何跟目标客户沟通才能顺利完成自己的销售任务呢？

二、一张嘴就说错？销售中的"万能"沟通公式

沟通到底有多重要？

传说，最初人类的祖先讲的是同一种语言，人与人之间语言相通、交流顺畅，没有冲突和误会。后来，他们在底格里斯河和幼发拉底河之间发现了一块肥沃的土地，于是决定定居下来，建造了繁华的巴比伦城。再后来，他们决定修建一座可以通到天上的高塔，叫作巴比伦塔，以宣扬自己的赫赫威名。

因为大家的沟通没有任何障碍，工作效率也很高，巴比伦塔很快就高耸入云。上帝知道了此事，非常愤怒，他认为这座塔是人类虚荣心的象征。同时，他还有一个担心，人们都讲同样的语言，只要沟通就能合作，能够修建成这样的巨塔，以后还有什么办不成的事情呢？

于是，上帝决定施法使人世间的语言混乱，不同部落的人讲不一样的语言，使他们无法用语言进行沟通。后来，猜忌和争吵出现了，原本十分团结的人们开始矛盾重重，这就是人们之间互相误解的开始。人们的巨大力量消失了，巴比伦塔的修建最终半途而废。

在生活中，我们会因为误会跟自己的家人争吵；在工作中，我们会跟同事、领导、客户产生矛盾，不仅会影响工作进度，还会对自己的人际交往产生负面影响。

销售离不开沟通。我曾经总结过销售中失败的几种原因，其中"误解""沟通不当"是导致成交失败的高频词汇。比如，有小伙伴问我，自己开了一个店铺，也有客户经常光顾，但是客户往往看看就走了，请问是沟通当中哪个环节出现问题了呢？还有销售人员说，每次去见客户，客户总是对自己不太理会，感觉客户油盐不进，不知道怎样跟客户沟通，有没有什么通用的沟通模式呢？

如果你也遇到过以上问题，那么可以试着采用"AIDA模式"来沟通，这种模式也叫"爱达模式"。

先来简单介绍一下这一模式的起源。"AIDA模式"是国际推销专家海英兹·姆·戈得曼提出的，是西方推销学中一个非常重要的公式，"AIDA"是将四个单词的首字母组合在一起而形成的一个名字。第一个 A 为 Attention ，即引起注意；I 为 Interest，即诱发兴趣；D 为 Desire，即刺激欲望；最后一个 A 为 Action ，即促成购买。

它的具体含义是：一个成功的销售人员应该把客户的注意力吸引到产品上，使客户对产品产生兴趣，这样客户的购买欲望也就产生了，而后再促使其采取购买行为，最终达成交易。

利用"AIDA模式"，我们可以把推销过程简单地分为四个阶段。

第一阶段：引起客户的注意。

第二阶段：激发客户的兴趣。

第三阶段：刺激客户的欲望。

第四阶段：由客户自己做出购买决定，销售人员只需要不失时机地帮助客户确认，即可达成交易。

这四个阶段相互关联，缺一不可。听上去是不是非常简单？这就是"AIDA模式"的魅力所在。如果在销售中遇到了一些"可有可无"的客户，只要他们对产品不是特别抗拒或者已经被竞争对手彻底搞定，我们都可以利用"AIDA模式"与其进行积极的沟通。

对销售人员来说，如果能熟练掌握并运用这一说服技巧，那么不但能够迅速拿下客户，而且在整个成交过程中都不需要花费太大的力气，可以让你在一种毫无压力、轻松愉快的氛围中轻松完成任务。

那么，如何彻底掌握这种说服技巧呢？我们只要做好三步就可以了。

（一）引起客户的注意

很多做销售的小伙伴抱怨，当去见客户时，只要一提自己是来推销的，对方就会立刻冷脸，还没等自己把精心准备的开场白说出来，就已经被人端茶送客了。

之所以会出现这种情况，是因为你在登场时的亮相没有做好，没有引起客户的注意，也就是"AIDA模式"的第一阶段没有完成。

这一阶段的重点在于吸引客户，销售人员在开始推销之前，要将客户的视线全部吸引到自己或者产品上来。举个例子，如果是传统的线下销售，你可以设计一个非常别致、新颖的名片，让客户参与现场互动，与客户进行目光接触等。

我以前在跑客户的时候，就特意设计了一款非常简洁的名片。因为当时我接触的客户都是45岁以上的成功人士，所以我把名片做得非常具有禅意，而且富有美感，不仔细看甚至不会觉得其是一张名片。

这就是我想要达到的目的，因为人们在拿到名片时，总会下意识地看一眼，如果名片上的内容能引起他们的注意，就有很大可能被问那个我期待的问题："你们公司到底是做什么的？"还有一些客户会以此为话题，跟我讨论一些比较深奥的哲学问题，而我也可以将自己的一些理念与客户沟通，进而找到沟通的突破口。

讲这个小小的例子是想抛砖引玉，告诉大家引起客户的注意并不难，只要你用心思考，就可以得到很多种方法，从而与客户进行有效的沟通。

如果是现在比较普遍的线上营销，那么你可以在设计上利用色彩、特效等元素，或者在内容上用醒目的折扣、活动等引起客户的注意。比如，我们可以优化首页的界面，吸引客户点击，或者定期更换节日促销和周期性活动的横幅等。我们做这一切的目的就是让客户在看到这些内容的第一时间，问出一句话："这是什么？"

一旦客户对你或你的产品产生兴趣，他们就会自发地想去了解更多相关内容，就像如今很多电影为了宣传，总会在某个平台放出部分电影片段一样，当有观众被这部分剧情吸引后，就会自发地去搜索、观看整部电影。我们需要锻炼的就是这种能力，用一定的方法把客户先吸引过来。

（二）激发客户的兴趣

如果已经引起了客户的注意，但是自己公司的产品没有什么拿得出手的特点，不但在外观和内容上与同类型产品相似，而且连价格也没有优势，遇到这种情况应该怎么办呢？

这个问题确实有点棘手，但从本质上来说，你的产品没有竞争力主要还是因为缺乏有效的、激发客户兴趣的手段。比如，火锅界的"某底捞"前些年为什么火得一塌糊涂？是因为它比别的火锅更好吃吗？是因为它比别的火锅更便宜吗？这两个原因好像都不太能站得住脚。人们为什么对它这么感兴趣？是因为它的服务好，能让人们获得一种以往从来没有过的新奇体验。

在实战中，我们可以通过宣讲客户可以得到的好处来激发他们的兴趣。让我们一起来看看下面的对话。

销售人员："您现阶段发展这么好，一定特别珍惜现在所拥有的口碑和信誉，对吗？"

客户："对。"

销售人员："××智能录音电话响应快、反馈好，我们能为您提供比其他公司更好的售后体验，相比您现在使用的系统，效率可以提升两倍以上，投诉率降低80%，这样一来，客户的诉求能得到迅速解决，也会对贵公司信誉的提升有很大的帮助，您说对吗？"

客户："对。"

销售人员："这是因为我们这款智能录音电话有一个特殊的红色指示灯……能够减少客户等待时间（突出产品特色），相信您的客户也会获得更好的购物体验（强调产品可以带来的好处）。您说是不是？"

客户："是啊。"

根据"AIDA模式"的沟通步骤，以上对话先引起客户的注意，再介绍产品特色，说明可以给客户带来的好处，最后由客户自己做出购买决定，销售人员只要不失时机地帮客户确认即可。另外，还以上面的对话为例，虽然产品的特色并不突出，但应用以上话术，仅仅只是一个红色指示灯的特色，也可以获得让人眼前一亮的效果。

（三）刺激客户的欲望

下面我们进入"AIDA模式"的第三步，也是三个步骤中最具挑战性的一步：如何刺激客户购买产品的欲望？

对于这个问题，我们不妨换一个角度来问：客户在什么时候最有购买欲望？答案是客户认可产品高性价比的时候，就是"购买欲"最高的时候。比如，现在很多直播间里都会有超低价秒杀活动，每场参与人员都很多，为什么会有这么多人想下单呢，是因为他们需要吗？不是，是因为太便宜了，性价比太高了，所以忍不住"剁手"。

因此，当客户经过前两个步骤，已经对产品初步认可，也完成了初步选择后，我们就可以在产品性价比上开动脑筋，刺激客户的购买欲望了。比如，有没有折扣、有没有赠品、有什么后续服务等，这需要小伙伴们开动脑筋，各出奇招。不管采用什么办法，最终目的只有一个，那就是让客户对产品的态度从"我喜欢这个"变成"我想要这个"，如果能做到这一点你就成功了。

还要提醒一点，在向客户提供高性价比的选择时，你所提供的优惠条件必须是明确的、简单的，最好是不需要经过缜密计算就能直接看到的，这样才能直接刺激到客户，并使之采取购买的行动。

人的欲望一旦被激发出来，即使是十分理性的人也会做出不理性的行为。因此，如果你想顺利把产品卖掉，一定要充分激发客户的欲望，一旦成功，接下来的成交也就顺理成章了。

最后，如果你已经成功完成了上述三个步骤，那么最后一

个环节就水到渠成了，几乎不用你再花费什么时间，只要静静
等待，客户就会自己找上门来。

三、4项修炼，锁定成交

在商业中，信任是一切的基础，没有信任就没有成交。对
销售来说更是如此，某机构调查结果显示：70%的消费者购买
决定的做出，是因为信任销售人员；20%的消费者是因为售后
有保障；只有10%的消费者是因为觉得产品合适。

如果把成交看作金字塔的塔尖，与客户建立信任关系就是
承载一切的地基。如果没有信任，我们就不可能带领客户走完
整个沟通流程，更别提最后的成交了。

由此可见，信任是成交的关键所在。那么，销售人员应该
如何在短期内与客户建立信任呢？这就是我们接下来要讲的锁
定成交需要进行的4项修炼。

（一）适当暴露

在电影《大公司小老板》里面有一段这样的剧情。丹是一
名广告公司的老职员，由于公司人员调整，丹人到中年，其主
管位置却被年纪轻轻的卡特接替了，二人因工作恩怨与生活中

的各种矛盾，都对对方产生了误会，丹在情绪激动时打了卡特，二人的关系十分紧张。

偏偏在这时，公司派他们二人一起去搞定一个大客户，这个大客户资金雄厚，却是一块十分难啃的"硬骨头"。二人别别扭扭地来到客户面前，客户见到卡特脸上的伤痕，好奇地询问原因。卡特觉得这是自己的私事，本想编个理由糊弄过去，但有着多年销售经验的丹知道，客户想要的是真相。于是，他就把事情的原委告诉了客户。没想到，客户却因此感受到了二人的诚意，立刻同意了签约。

从这则故事中我们可以看出，适当地向客户暴露自己十分重要。当很多人只讲好的一面，只有你反其道而行时，可能会得到客户的信任，这就是真诚的力量。尤其是在面对大订单的时候，更要学会真诚地面对客户，这样客户会越发信任你，想跟你达成合作。

高瓴集团创始人张磊在他的《价值》一书中提到，他第一次与自己的恩师大卫·史文森见面，是在耶鲁投资办公室的面试室里。当时，他还是个学生，正在为没钱付第二年的学费而拼命找工作。面对大卫·史文森抛出来的一个又一个关于投资的问题，张磊大多数都不知如何作答，但他没有掩饰这一点，也没有顾左右而言他，而是诚实地回答了"我不知道"。

没想到，正是这一点打动了大卫·史文森，他惊讶于张磊的坦诚，最终将实习机会留给了他。

对销售人员来讲也是如此，当你诚实地面对客户时，往往会快速获得其信任和认可。

（二）释放诱惑

2017年年底，我在深圳开了一家销售咨询公司，主要为客户提供销售咨询服务。一般而言，各家公司每年年底都会召开全员交流大会，对销售人员一年的工作进行总结。一次偶然的机会我认识了一位销售人员，他是深圳某安防公司的员工，我问他"贵公司有没有销售培训？"，他说"没有"。我接着问"那公司业绩如何？"，他说"比去年差一点，因为大环境不好"。我说"那你方便帮我引荐一下你们的董事长吗？"，他说"可以试试"。

于是，我们约好一起吃饭，在见面前我想了想：如果我是这家安防公司的董事长，那么我担心的问题是什么？我关心的问题是什么？我想解决的问题又是什么？我想了几个问题，这些问题都是这家公司需要解决的。

最后，当我们见面的时候，我跟该公司董事长这样说："我之前给一家江苏的公司做销售培训，这家公司和贵公司面临的问题相似，如公司想要发展但是缺乏资金，公司销售部门的士气不足，公司虽然在市场上战斗多年，但是一直没有形成有效的战斗力及自循环的营销体系。"同时，我告诉这位董事长我是如何解决这些问题的，当我把这些问题和解决方案一一罗列出来之后，他当场拍板，让我出方案，他要和我正式合作。

于是，我们在2018年1月达成了合作，我给他的公司做了一场专业培训，并且颁发了"安防经理人"培训证书。

"赠人玫瑰，手留余香。"你帮助客户解决了问题，客户一般也会买你的单，因此想要获得客户的信任，我们就要体现出自己的高价值，这个高价值就是很好地解决客户问题的能力，这是对客户极具诱惑力的。

（三）匹配认知

如果你是一家儿童服装专卖店的老板，若有一个成年人走进你的店，你会不会把自己卖的儿童款式服装让这个成年人穿上？我想你一定不会，因为你的推销话语一出来，势必会引起对方的反感，甚至对方会说出非常难听的话来羞辱你，因为你没有匹配客户的现实情况。

前几年，地产大亨王健林在采访中无意说出了"先挣一亿元"的小目标，引发了网民的一致调侃。因为对普通人来说，一亿元是天文数字，实在难以想象，然而在王健林的世界，一亿元竟然只是一个小目标。因此，那段时间有一个流行的说法，叫"贫穷限制了我们的想象"，其实我觉得不如说是"认知限制了我们的想象"。

你看，我们每个人的成就都不会超过自己的认知，每个人的阅历、认知都不一样，能感知的事物也不一样。因此，当

第三部分　力挽狂澜，锁定成交

你面对客户的时候，千万不要告诉对方超过其认知范围的事情，而应换一个角度，适当地讲一些客户会相信且易接受的事情，这就叫匹配。只有匹配了对方的认知，你才可以迅速得到对方的信任。否则，如果你强行说一些客户无法相信的事情，超出了客户能够理解的范围，那么难免会让事情变得十分棘手。

日本知名投资人孙正义在创业的时候，就遇到了与其认知不匹配的事情。当年，孙正义从美国留学回到日本，开办了自己的第一家公司，但只招到2位职员。即使如此，孙正义依然充满干劲，踌躇满志，他把这2位职员叫到办公室，向他们做了一番慷慨陈词，并放下豪言，自己会在几年内把公司做成世界500强！

然而，当时招到的2位职员无法理解他的想法，他们看了看简陋的办公室，又看了看仅有3个人的公司，都觉得孙正义是在胡说八道，完全是个骗子。于是，二人都辞职了。

这个例子可以给我们什么启发呢？若想获得客户的信任，我们要学会说一些与客户认知匹配的话语。那么，有些小伙伴可能就疑惑了：认知这个事情我们无法掌控啊，我们怎么知道客户能理解什么，不能理解什么呢？别着急，我们可以从以下两点来进行判断。

第一，通过工作环境判断。

想一想，你会跟一位清洁工谈论创业金融吗？你会跟一位钢琴家谈论如何做保洁吗？

我们大多数人每天跟同事的相处时间甚至可能比家人都要长，因此我们可以从一个人的工作行业和工作性质来判断其认知。比如，做基础工作的人的思维一般没有高层管理人员那样灵活，而且长期工作环境非常单调的人的认知往往不够丰富；一个长期自己创业的人，比长期打工的人的气场要足，因为自己创业需要做好长期规划，目光也比较远大。

第二，通过其阅读的书籍判断。

纵观人的一生，就是提升认知的过程，是思想和心灵不断升华的过程。有的人早熟，有的人晚熟；有的人出口成章，有的人跟人聊天时连词汇都很匮乏。

高尔基说："爱护书籍吧，它是知识的源泉。"书籍是这个世界上十分经济、能快速提升我们认知的工具。因此，一个常年读书的人的认知水平和思想高度，一般比不读书的人要高很多。如果你想了解一个人的认知，那么可以询问对方平常爱读什么类型的书籍、有没有读书的习惯等。

（四）专业展示

在生活中，不同的人会由于不同的原因信任你，但是对客户来说，最看重的一般是你的专业能力，包括你所学的专业、具有的经验、掌握的知识和能提供的服务等，并以此来判断你是否值得信任。

当然，客户关注的是你能提供的高质量的服务，而不是你所做的低质量的重复性工作。当你还是行业小白的时候，你的能力就是你学过的行业知识，你可以用你学过的行业知识来赢得客户对你的信任，因此牢牢掌握行业知识是必要且非常关键的。而当你是行业老手的时候，客户对你的信任往往来自你参与过的案例等，所以你可以通过向客户展示你曾经参与过的案例来换取客户对你的信任，还可以通过用自己的专业能力来帮助客户搞定一件事情来换取客户对你的信任。

你可以用任何方式来获得客户的信任，当你帮助客户搞定一件事情时，细节上的把握会给你增加额外的信任分数，比如当你用具体数字表明丰富的经验时，客户会更信任你。需要注意的是，在讲述你的经验时，不要夸大事实，要实事求是，别忘了，真实的故事是极具力量的。

当然，好的环境也会给你的专业度加分。如果你需要跟客户单独见面，那么应尽量挑选环境好的场所来衬托自己的专业能力。试想一下，你会在广场卖饮料的摊位上买50元一杯的饮料吗？你不会，但是同样价格的饮料出现在五星级酒店，你可能就会欣然接受。饮料没有变，只是环境发生了变化，饮料的价值就提升了。同样，我们在做销售的过程中，也要善于利用环境的有利因素来提升自己的价值和专业度。

学会与客户建立信任，不仅有助于拉近你与客户之间的距离，更重要的是可以迅速让对方感知到你与其他销售人员不同，从而为成交节省时间。期待你多多练习，做个处处受欢迎的销售高手！

四、与众不同，他人才愿意跟你聊

如果你喜欢上了一位漂亮的女士，你会用什么方法来引起她的注意呢？如果你用尽办法，在漂亮女士的眼中都如空气一般，那么你追到她的概率有多大呢？

前文在讲"AIDA模式"的时候，提到沟通模式的第一阶段就是要引起客户的注意，因为只有如此，才能更容易达成合作意向。下面我们针对这个问题，给大家分享一些十分具体且极具操作性的沟通技巧。

（一）种草营销，你学会了吗

在如今这个大数据时代，几乎没有什么产品会占据绝对的垄断地位。最直观的证明就是只要你在购物网站上随便搜索某个商品，第二天就会有同类型商品被推送到你眼前。

我们应如何从这些浩如烟海的数据里杀出一条"血路"呢？首先，我们要了解一点，与传统线下销售相比，很多人在线上浏览的初衷并不是购物，而是打发时间，要想激起他们的下单欲望，我们要做的就是"种草"。

什么是"种草"？"种草"起源于美妆圈，意为向他人推荐商品或者促使他人产生购买欲望。而"种草营销"是指 KOL（Key Opinion Leader，关键意见领袖）在各种社交平台上发布与商品相关的内容来吸引粉丝，进行沉浸式营销，促使粉丝主动搜索商品，进而购买商品的一种营销方法。

比如，抖音短视频和小红书上的图文不少都属于具有种草性质的营销内容。很多明星、网红，甚至大众都用文字、声音、美图、视频等进行带货，十分吸引人。优秀的"种草"营销往往自带众多让人非买不可的理由，看一眼就十分"上头"，脑子里只有一个字："买！"

销售人员也要习惯这种形式，跟随趋势做出改变。一般来说，有三种常见的十分高效的种草渠道：口碑营销、网络社群营销、KOL 营销。

首先，我们来谈谈口碑营销，即通过口口相传，吸引人们前去"打卡"。

在中国民间有句俗语，叫"金杯、银杯，不如老百姓的口碑"，在信息和媒介还没有现在这么发达的时代，不管是商人还是官家，要想在老百姓的心中树立一个良好的形象，需要依靠老百姓的口口相传。

事实上，口碑营销作为一种古老的销售模式，在没有广播、电视、报刊、互联网等媒体的时候就已经存在了。那个时候，商家的名声主要是依靠人们口口相传，哪家店口碑比较好，人们就比较爱去哪家店消费。如果店里发生了欺诈消费者的事件或者其他丑闻，就会对这家店造成毁灭性的打击，因此那时的商家十分重视自身口碑。

随着时间的流逝，原来口口相传的营销手段变成了广告推广、网络营销，产品更新换代的速度也越来越快。即使如今的销售模式越来越多样，口碑营销也是非常重要的一环。比如，我们网购的时候都爱去看评价，那些评价高的商品我们愿意购买，那些评价低的商品我们不愿意购买。这说明无论销售模式怎么变，口碑都是人们选择商品的重要依据。

在这方面，星巴克做得相当成功，它虽然不怎么做广告，但是通过口口相传，星巴克依然成了高档咖啡的代名词。现在，大家只要一提起星巴克，就会觉得很高端，这就是口碑的作用。

其次，我们可以通过网络社群实现"种草"，即通过进入一个圈子，依靠组织带来的归属感，影响消费者的消费决策。通过长期建立的信任关系，以及对对方人品和品位的认可，最终实现种草。有数据表明，来自熟人的推荐会直接影响81%消费者的消费决策，这就是网络社群营销的巨大作用。

最后，我们讲讲大家都比较熟悉的KOL营销。在网络中，我们将那些知名度高、号召力强、十分活跃的用户称为KOL，如现在活跃在各大平台的自媒体博主、网红等。这些人凭借自己的号召力，输出具有种草性质的营销内容，引起受众的注意，促使他们下单。

那么，对销售人员来说，如果没有KOL那么强的号召力，如何利用抖音、小红书等平台引起客户的注意呢？

（1）价格吸引。一般来说，高性价比是实现引流的有力武器，当你的产品价格明显低于同类产品时，就可以以此去做宣传。

（2）质量吸引。同质量我比你价格低，同价格我比你质量好，当你的产品质量过硬时，完全可以凭借这一特点大胆地进行营销。

（3）饥饿营销。如果市面上没有同类产品，或者你的产品比较稀缺，那还等什么呢？这时以稀缺为卖点就能轻松爆单。

（4）沉浸式体验。你可以利用短视频的优势，为产品拍摄实测视频，让客户沉浸式体验产品，并且可以利用场景化的设计吸引受众。

（5）文化营销。为产品赋予独一无二的文化价值，可以让你的产品从众多产品中脱颖而出。

（6）引导创新。利用创新思维为传统产品打造新的使用场景，打破客户的固有认知，可以给客户留下深刻的印象。

与传统的线下销售模式不同，利用好线上渠道可以缩短品牌或产品的营销周期，提高转化率，并且获客成本会降低一些，如果你能利用好互联网平台，那么不管是曝光量还是品牌的口碑都可以得到大大提升。

（二）11种高阶销售必杀技

除了线上销售模式，在线下销售中还有哪些方法和技巧可以帮助我们引起客户的注意呢？小伙伴们可以参考以下技巧。

1. 微笑

微笑是人类最美的语言，也是每个人都可以使用的世界通用语言。

我曾看过一个报道，一个外国男人与一个不会英语的中国女人结婚了，语言不通的两个人是怎么相互吸引的呢？原来，这个女人是某超市的推销员，外国男人每次到超市购物都会看到这个女人冲他微笑。他被这个女人的笑容吸引了，最终两个人结为夫妻。

你看，微笑可以跨越语言的障碍，使原本语言不通的两个人走到一起。在销售行业中，微笑同样具有非常重要的作用。销售高手通常会把微笑当作顺畅沟通的重要武器，通过调整自己微笑的时机，使之发挥最大的效力。

俗话说"抬手不打笑脸人"，真诚、迷人的笑容是沟通的法宝，可以让我们更容易接近目标客户。不过，当我们对一个人微笑时，要拿捏好分寸，可以先停顿一秒再展现笑容，否则笑得太急、太快，会给人留下轻浮的印象。

2. 善用幽默

一般来说，没有人会拒绝一个谈吐幽默的朋友，就像没有人会拒绝快乐一样。不管在什么场合，一个人幽默的谈吐都能引起他人的注意，也往往会促使其成为人群中的焦点。

有一次，意大利文艺巨匠但丁出席威尼斯执政官举行的宴会，在就餐的时候，因为听差的怠慢，分给其他人的都是大鱼，但丁却分到了一盘小鱼。只见但丁将盘子中的鱼拿起来，一条条放在耳边，好像在听它们说话，然后将它们逐一放回盘中。

执政官看到他这一系列操作，感到非常疑惑。但丁解释道："我只是想向这些鱼打听一下，知不知道几年前我的一个海葬的朋友。"执政官感兴趣地追问："那它们是怎么回答你的？"但丁大声地说："它们说，自己年纪还小，不知道这些事，建议我去向同桌的大鱼打听打听！"执政官恍然大悟，立即吩咐听差给但丁换了一条大鱼。

幽默是人际交往的润滑剂，也是我们打开客户心灵大门的钥匙。下次小伙伴们在见客户之前，不妨准备一些幽默的段子，毕竟让客户开心也是我们销售人员的职责之一。

3. 多向客户请教

为了引导客户与自己同频，销售高手常常向客户请教问题并引发讨论。比如，当我们去见客户的时候，可以先提一个客户知道且容易回答的问题："张总，您目前在公司运营方面有困难吗？"

作为公司主要的决策者，一定十分看重公司的运营，针对这一话题，他有一肚子的话要说。此时抛出这个问题，可以轻易打开对方的思路，将其逐步带入销售的情景之中。

你也可以用帮助客户解决问题的方式进行提问。举个例子，假设你是图书销售员，可以这样提问："先生，您好，假如我送您一套书，可以帮您提升工作效率，您想看看吗？"客户也许会想："好吧，我倒要看看什么样的书可以帮我提高工作效率。"当客户进入你的话题后，你就已经引起他的注意了。不过，提问要注意方式，并且要把握好时机。

4. 赞美

每个人都希望得到他人的认可和赞美。适当地夸奖客户不仅可以拉近彼此的距离，还可以帮助你完成一笔交易。

有一位脾气暴躁的老总，对手下的员工要求非常严格。如果你想把他变成你的客户，可以试试这样说："李总，您好，我发现您平常为人严谨，对下属要求很高，所以在您的手下才会出那么多优秀的管理人才，您不愧是业界大师级别的人物啊！"

这位领导一直苦恼自己的严格不被人理解，反而被当成苛责，听到这样的夸奖会非常开心，并且可能立刻与你愉快地聊起自己的职业生涯。

当然，赞美不是阿谀奉承，我们说话不能过于夸张。要知道，真诚是赞美的先决条件，适度是赞美的标准。只有实事求是、发自内心地赞美对方，才能说到对方的心坎上，引起对方的共鸣。如果用力过猛，那么只会让对方感到不舒服、不自在，甚至感到难受、厌恶，这样结果就适得其反了。因此，我们应该把握好赞美的尺度和场合，针对不同的客户，选择不同的赞美方式。

5. 做互动游戏

为了吸引客户，很多公司会采用做游戏的方式为自己引流，或者通过在线互动游戏吸引潜在的客户，期待通过这种方式迅速与对方建立信任关系。

我们在销售中也可以采用这种策略，比如举办客户使用产品的比赛，对优秀者给予奖励，或者请客户参与互动，做一些具有创意的作品等。在不同的游戏方案中，我们可以挑选出适合客户的，并通过游戏来激发他们的欲望，还可以让客户主动制定游戏规则、为产品设计宣传海报等，让客户充分参与活动。不管做什么"游戏"，目的都是以此为引子，引起客户的注意。

如今，随着市场环境的改变，很多营销手段都趋于老套，想要引起更多"80后""90后"甚至"00后"的注意，着实需要小伙伴们多下一些功夫，多做人性化的改变，提升自己的工作效率。

6. 寻找共同点

假设街上突然有一群骑摩托车的人呼啸而过，恰好你也是摩托车爱好者，那么你一定会对这个场景记忆犹新。

在生活中，我们往往对那些我们感兴趣的、想要关注的人或事格外敏感。因此，要想引起他人的注意，你可以把自己打造成跟对方具有一样爱好的人，这样会产生十分明显的效果。

举个例子，如果你的客户对茶叶很感兴趣，那么你可以多学习一些茶艺方面的知识；如果你的客户对书法很感兴趣，那么下次见面时你可以跟他多聊一聊书法，还可以请客户现场为你写一幅字等。这些做法都可以引起客户对你的注意，甚至产生相见恨晚之感。

7. 抛出利益点

很多销售人员在销售的过程中侧重"推"，也就是在沟通中不断给客户推销产品，试图强行说服客户，而结果往往事与愿违。

为什么会失败？因为销售是"推"和"拉"的结合，我们在与客户交谈的时候，除了要站在自身的角度去"推"，还要站在客户的角度去"拉"，通过给客户说明其能获得的利益，促使客户主动了解和购买。

尤其在做电话销售的时候，为什么很多人一接听就挂断电话，主要原因就是只听到了销售人员的自我介绍，而不知道这通电话会给他带来什么好处。如果他事先准备一句对客户有利的话术，用一句话把客户能获得的利益指出来，引起其交谈兴趣，销售成功的概率就会提升很多。

8. 利用损失厌恶

每个人都有损失厌恶心理，我们在销售中可以适当地运用这种心理，通过告诉潜在客户他们即将损失某些东西，来引起客户的注意。

比如，房地产公司的小张对潜在客户说："我建议您现在就来交定金确定房源。您也知道，现在的房子一天一个价。就您看上的这个小区，一个月内每平方米涨了1500元。如果您今天不交定金，直接损失可就10万元起了！"又如，卖儿童服饰的老板对带着孩子来店里的客户说："今天是活动的最后一天，满200元送儿童玩具一件。"

对客户来说，现在不下决心可能就会有遭受损失的风险，这时客户成交的意愿会大大提升。

9. 制造身体接触

有些销售人员生怕自己动作太多引起客户反感，所以做事总是十分小心，在客户面前显得非常拘谨，最后弄得两个人都非常紧张。

其实，每个人在面对陌生人的时候，总是本能地带有警惕和戒备心理，这是人类在进化中形成的自我保护意识引起的，对客户来说也是如此。如果你想快速让客户注意到你，可以主动制造机会，自然地与客户进行身体接触。

有一次，我去商场买衣服。本来我只想随便看看，没有一定要买的东西。可是，当我试穿一件上衣，销售人员很自然地上前帮我整理衣领、介绍衣服款式的时候，我突然感到一丝温暖，对她推销的衣服也欣然接受了。

这就是通过细微的身体接触引起客户的注意的方法。如果你能稍微下些功夫，往往就会给客户留下深刻的印象。下次，你不妨也试一试。

10. 借助第三方介绍

在人际交往中，如果你想让一个人对你有所关注，还可以借助第三方介绍来实现。

在经典著作《红楼梦》中，在贾宝玉出场之前，先用极大的篇幅描写了其他人眼中的贾宝玉：古董商人冷子兴说他是闺阁"色鬼"；王夫人说他是孽根祸胎，是家里的"混世魔王"；林黛玉的母亲说他顽劣异常，无人敢管。几处勾勒之后，不管是林黛玉还是读者，都开始对这个反差极大的贾宝玉感到十分好奇。

在销售过程中，使用这种方法不仅可以引起对方的注意，还可以为以后建立亲密的关系打下基础。

11. 目光接触

假设你在一个嘈杂的环境中想要引起他人的注意，非常有效的方式就是直接喊出对方的名字。

当你和客户交流的时候，若能直接喊出对方的名字，则说明你给予了对方足够的重视和真正的关心，对方也会感到有责任给予你同样的关注。除此以外，在交流的过程中，不要把玩手里的东西，要把目光放在对方的身上，这表示你在认真倾听对方讲话。

目光接触除了能展示我们的态度，还能表达我们的热情。当对方被我们真挚的目光吸引的时候，也会被我们的情绪所感染，进而给予我们足够的重视和关注。当然，我们也要把握好分寸，不能直勾勾地盯着客户，否则容易吓到客户。

以上就是我们在引起客户的注意时可以采用的技巧，你可以采用以上技巧中的任意一个，也可以把几个技巧组合起来使用，这样也许会有不一样的体验。

五、让客户无法拒绝的成交套路

（一）"社恐"？但是没关系

年轻人之间曾流行过一个词语——"社恐"。有些人害怕社交、不喜欢社交甚至拒绝社交，导致"社恐"成了一个热门话题，并且形成了社会上大众"社恐"的奇特景象。

为什么会出现这种情况？我想一部分原因，是随着互联网的发展，很多东西的获得开始变得非常简单，缺少东西可以网购，饿了可以点外卖，想学习时也可以在网络上学习。很多生活中遇到的问题都可以通过网络解决，那么为什么要出门呢？这就催生了很多"宅男""宅女"，甚至形成了一种文化。

当你长时间不与外界联系时，就会对社交产生恐惧，遇到陌生人不知道聊什么，甚至连在大街上遇到熟人都会感到不知所措。也许有人会问，你讲这些是不是跑题了？反正做销售的肯定不会社恐。

其实不然，销售人员并非都十分健谈，有相当一部分小伙伴称自己"社恐"。在他们当中，有些人不会跟人聊天，是"话题终结者"，经常聊着聊着就把天聊死了；还有些人因为之前有过糟糕的聊天经历，留下了心理阴影，导致对和客户说话比较畏惧。一旦客户没有给予预想中的回应，他们就会产生挫败的感觉，很容易丢掉单子。

那么，在与客户交流的过程中，有没有什么方法可以帮我们克服恐惧心理，一开口就能顺利说服客户，让他难以拒绝呢？

（二）小白也能学会的成交指南

如果你想克服恐惧，成为一名优秀的销售人员，那么可以参考以下几个方面，让客户找不到拒绝的理由，从而主动成交。

1.禁果效应

我国宋代大文学家苏轼和苏辙小时候非常顽皮，不肯认真读书。为了让他俩做出改变（喜欢上读书），其父母使出了浑身解数，但一开始并没能让兄弟俩做出改变。无奈之下，他们的父母想出一个办法——反其道而行之，不再逼迫孩子们读书，而是开始"藏书"。每当孩子们在房间里玩耍时，他们的父母就会偷偷地躲在一个房间里读书，等孩子们找过来时，再假装惊慌地将书"藏起来"。

父母的反常行为让孩子们好奇不已，对平时喜欢的游戏也提不起兴趣了，他俩满脑子想着：父母究竟背着我们在看什么？于是，只要父母不在，他们就偷偷溜进书房，将书"偷"出来仔细阅读，等父母回来再主动放回。就这样日复一日，他们竟然真的发现了读书的乐趣，终成一代文豪。

在生活中，我们经常会有这样的经历，当他人躲着我们去做一件事情的时候，我们就会很好奇他们在做什么。有孩子的家长对此体会更深，有时不让孩子干什么，孩子却偏偏去干。古往今来，人性中逆反的一面总是让我们对被禁止的事情充满探索的欲望。

在心理学中，这种喜欢反着来的现象被称为"禁果效应"，即"不禁不为，越禁越为"。也就是说，越被禁止的事情，越会引起人们的好奇心，从而想要一探究竟。

在销售中，运用这一"套路"的成功案例数不胜数。比如，很多商家喜欢采用"禁售"的方式促销，某商品每天限量销售，一旦错过买都买不到，因为难买到，所以人们都想购买，那些商人正是利用这一点让普通的商品变得十分抢手，从而达到了自己的目的。

销售人员如果可以利用"禁果效应"让客户主动"上钩"，那么何乐而不为呢？

2.简单、易操作的流程

假设一个人住在城西，另一个人住在城东，住在城西的人对住在城东的人说，你坐一小时的车来我这里，我给你10元钱，如果是你，你愿意花费宝贵的时间，只为得到10元钱吗？相信大部分人都不愿意。但如果住在城西的人在微信群里发红包，哪怕只有1元钱，那么住在城东的人也会动手抢。为什么呢？因为获得1元钱实在太容易了，只要动动手指即可。

这几年抖音短视频非常火，为什么人们那么喜欢刷短视频呢？因为太方便了。很多人之所以喜欢网购，是因为网购十分方便，人们足不出户就能买到所需的物品。

大多数人是喜欢偷懒的，我们的大脑也更喜欢简单、易操作的流程。如果得到某样东西需要我们付出很大的努力，那么很多人会打退堂鼓。

因此，如果我们能够清晰地告诉客户，实现期待非常容易，只需要"动动手指"，我们就可以轻松说服客户，客户的行动率也会大大提升。

3.可信任的证据

当语言无法表达更多的东西时，我们可以为客户提供其他可信任的证据，如企业宣传资料、客户使用评语、实物照片、样板工程、曾经获得的荣誉和奖励等，这些东西都具有证言的价值。

当我们把真实案例摆在客户面前时，所说的话才具有说服力和感染力，有了这些证据，就相当于有了依据和背书，它们可以代替我们说话。

值得注意的是，越是大单子，越需要证据代替我们说话。因为当客户看见他人做出了同样的决策（购买某款商品）时，会影响他接下来的行为，不然他心里没有底，不知道这款商品值不值得购买，有了参照物就可以避免过度以自我为中心。因此，很多企业都会给客户提供一些参照案例，让客户放心购买。

除此以外，人们喜欢参照案例，还源于人们对未知的恐惧，当大量的案例摆在那里，很多人反馈良好的时候，客户的疑虑也就消除了。

4.制造悬念

战国时期，齐国宰相田婴想要在自己的领地内筑墙，遭到了众人的反对，然而田婴一意孤行，紧闭大门，谁也不见，谁的话都不听。门客甲灵机一动，走到门前说："我面见宰相只说三个字，多说一个，我愿身受刀斧。"

田婴很好奇他到底要说些什么，于是让他进来回话。门客甲果然只说了三个字："海、大、鱼。"他说完转身就走。田婴听得一头雾水，百思不得其解，只好让门客甲留下来解释清楚。门客甲这才说道："海里的大鱼很厉害，能够将鱼线挣断，也能挣破渔网，然而再厉害的大鱼，如果离开了水，也会立即毙命。齐国和宰相大人就分别对应水和大鱼，您在领地筑墙，难免会引起王室猜忌，最终失去王室的支持，下场和离开水的大鱼别无二致。"田婴听完，立刻打消了筑墙的念头。

悬念能够激发人的兴趣，对事物高度关切。门客甲通过制造悬念的方法，给了宰相一个无法拒绝的理由。销售人员也可以采用这种方法，轻松掌控聊天节奏，让客户随着你的思路走，跟随你的脚步前进，如果你能做到这一点，沟通就成功了一大半。

5.提供满足感，让客户"占便宜"

如果你去逛商场，有两款价格为99元的洗发水，其中一款原价是198元，现在打了5折，另一款没有打折，原本就卖99元，那么你会选择哪一款呢？

我相信大多数人会买原价是198元的那一款洗发水，因为它的原价高，会让客户感觉自己占了很大的便宜。没错，正是这种心理主导了人们的消费观念和行为。

为什么会这样呢？因为占有是人类的本能之一，占有能让人感到满足和愉悦，不过占有总是伴随着付出的。在人们心中的天平上，只有当占有大于付出时，才会感到喜悦；如果付出大于占有，人们就会产生厌恶、愤怒等情绪。

因此，在商业活动中，很多商家会利用人们喜欢"占便宜"的心理来推销商品，让人们因"不用付出就能占有"而感到愉悦。那么，各位小伙伴也可以利用这一点让客户无法拒绝。

有一次，我联系到了一个新客户，约了几次他都找各种理由推托。后来，我了解到他特别喜欢钓鱼，就对他说："天天在小鱼塘钓鱼没有什么意思，要不这个周末，您带上嫂子和孩子，我去租一条渔船，才2000多元，我们去深海钓鱼吧，这样嫂子和孩子也能出海玩儿了。"就是这一句话，说到了客户的心坎上。虽然后来我们并没有出海，但他对我的态度从拒绝变成了欢迎，还成了与我无话不谈的朋友。

6.建立奖励机制

在无聊的时候，很多人都喜欢玩小游戏消磨时间，不知你有没有发现，很多小游戏都仿佛有一种魔力，让你一玩就停不下来。

因为游戏拥有即时奖励机制，每当你完成一个任务，系统就会自动奖励你一个小礼物或者小道具，以让你继续升级打怪，这就是"奖励效应"。它指的是当人们做出某一决策后，如果被证实正确且产生了好的结果，大脑就会发出"奖励"信号，从而刺激大脑释放多巴胺，直接对我们的情绪产生影响，让人们不断重复这一行为。

举个例子，当你刷短视频的时候，如果每看完一段短视频，系统就会给你发1角钱的奖励，你可能就会一直刷短视频，以赢得更多金钱。

因此，小伙伴们在说服客户成交的过程中，也可以建立奖励机制，通过不断给客户发送奖励信号，使其产生源源不断的动力，进而接受我们的产品。另外，没有人喜欢一成不变或十分容易获得的奖励，这就要求我们在设计奖励机制的时候，一定要重视挑战和升级，这样才能让客户欲罢不能。

7. 利用反差效果

在戏剧作品中，常常借助反差效果来引起观众的注意。比如，一个喜剧女演员非常男性化，或者男演员说话很女性化，角色反差会让人们印象深刻。

其实，在商业活动中，我们也可以利用类似的反差效果来引起客户的注意。在鲍克很小的时候，就开始在一家电报公司做报童，以贴补家用。因为他特别喜欢读书，尤其喜欢读名人传记，所以他利用工作的便利给这些名人写信，用率真的语气提出自己对书中故事的疑问。因为是孩子寄来的信，很多原本不喜欢跟读者互动的作者也没有拒绝回答问题，他们主动寄来回信，对他的问题给予了详细的解答。有些人还因此与他成了朋友。

在这则故事当中，鲍克就利用了反差效果，他知道他与那些名人在年龄上有不小的差距，谁会拒绝一个孩子的合理请求呢？因此，小伙伴们也可以利用反差效果来激起对方的兴趣。

8. 解决"痛点"

如果有人告诉一个200多斤的人，可以在20天之内减肥成功，他会不会心动？如果有一个人正在为下个月的房贷发愁，此时有人告诉他可以在半个月内挣10万元，那么他会不会拒绝？

我相信，即使他们对你说的话心存怀疑，但也愿意跟你聊聊。因为你说到了他们的痛点，给了他们一个无法拒绝的理由。

在这个世界上，每个人都喜欢追求快乐，远离痛苦。然而，痛苦之所以称为痛苦，就在于其不容易消除。如果你能够明确指出他的痛点，并给予解决方案，交易就成功了一大半。

一个合格的销售人员可以帮助客户解决痛点，从而快速成交。我们可以采用以下三种方法，让我们的解决方案更具诱惑性和差异性。

（1）第一种：类别法。

比如推销某女演员正在使用的面膜，该女演员是公认的国际实力派演员，如果她生完孩子后皮肤还是那么好，那么她使用的化妆品一定能吸引一大批生育过的女性，促使她们产生购买的欲望。

（2）第二种：利用人性的"恶"。

比如，"懒惰"是人性的"恶"，所以能够满足懒人需求的方便面拥有巨大的市场。

（3）第三种：利用"正能量"。

我们可以利用大家都渴望事业有成、家庭幸福这一"正能量"，很好地激发客户的欲望，并帮助客户解决痛点。

9. 让客户一起参与

加拿大著名心理学家达顿曾做过一个实验。他选择了两座桥，一座是高悬在山谷上的吊桥，看上去十分危险；一座是架在小溪上的木桥，走起来完全没有难度。接着，他让一位漂亮的姑娘站在桥中央，又挑选了几位 18~35 岁的男性，让他们走到吊桥中央或木桥中央接受问卷调查。

问卷调查结束后，漂亮姑娘对他们说："如果谁想知道调查问卷的答案，过几天给我打电话。"结果，在所有联系姑娘的男性之中，在吊桥中央接受调查的人远远多于在木桥中央接受调查的人。这是为什么呢？心理学家解释道，因为人们会将身处桥中央时心跳加速的感觉误认为是心动，这就是著名的"吊桥理论"。

我们在销售中可以根据"吊桥理论"来与客户互动，你看，著名的宜家商场就经常邀请客户参与组装家具的活动，因为人们更容易接受自己组装、设计的东西。

因此，下次你可以带着客户一起设计产品，只要他们参与进来，他们就更愿意接受产品。毕竟，相比接受他人硬塞给自己的东西，谁会拒绝自己的劳动成果呢？

总而言之，在与客户沟通的过程中，我们应摆正心态，将客户看作我们的朋友，而不是敌人，这样客户才会感受到你的能量，从而被你感染。

成交关键词：共情

弗洛伊德曾经写过一则故事。一个小男孩被关进一个黑暗的房间里，因为房间上锁了，外面的人进不去，每当有人走过时，小男孩都会叫外面的人。然而，经过的很多人都不理会他，只有一个阿姨每次都会回应他。有一次，阿姨对小男孩说："你看不到我，又不能出来触碰我，你叫我有什么用？"小男孩说："当我叫你的时候，你的回应实际上就像一束光，照亮了我这个黑暗的房间。"阿姨听完瞬间感动得落泪了。在这则故事中，阿姨就扮演了"共情"的角色，使得小男孩的生活有了希望。

在所有人类的情感中，共情是一种十分高级的情绪感知，虽然它本质上属于一种换位思考，即让自己站在他人的角度看待问题。共情是一种正能量，属于人文关怀的一种，能拉近人与人之间的距离。

在现实生活中，我们往往很难做到真正的共情，无论是在内与同事之间，还是在外与客户之间，我们往往会忽略共情能力的应用，本身就具备共情能力的销售人员的业绩比那些不具备共情能力的销售人员要好得多。

美国现代成人教育之父戴尔·卡耐基先生在《如何赢得朋友和增强影响力》一书中写道："在人际交往中，与他人建立关系的技能多数以共情能力为主。"可见，共情能力十分重要。

我们首先要清楚"共情"和"同情"之间的区别。很多小伙伴可能认为，"我同情你"就属于和你在"共情"。其实这是错误的，在面对他人的苦难时，同情者或者悲悯者给对方的感受是"你真可怜"，而共情者给对方的感受是"我懂你的感受，我也知道这对你来说很不容易"。同情的潜台词是"虽然你很可怜，但是我过得比你好"，而共情的潜台词是"我深深地懂得你的感受，进入了你的世界，感你所感，想你所想"。

有些人可能认为，这种感情只会出现在特别好的朋友或者家人之间，没有必要与客户共情，而且共情能力强的人很容易受到他人情绪的影响，如果身边人不开心，那么自己也会变得郁郁寡欢，这种情绪不利于销售工作的开展。

其实，这是人们的一种误解。人本主义心理学代表人物罗杰斯说："共情是理解另一个人在这个世界上的经历，就好像你是那个人一般，但同时你时刻记得，你和他是不同的，你只是理解那个人，而不是成为他。"共情能力强的人并非软弱，或者会放弃自己的观念和想法，而是在保有自我的同时，也能够照顾到他人的情绪、心愿等，在这种情况下说出来的话，对方听后会非常感动，这就是我们平时所说的"走心"。

对销售人员来说，所谓"共情能力"，其实更多的是具备同理心，是一种哪怕你没有经历过也能接住对方的情绪并做出回应的能力。

既然共情的力量这么强大，我们应该怎样培养我们的同理心呢？

首先，学会回应情绪，引导说话。有些人的情感会隐藏在说出来的话语之中，这就要求我们在与客户沟通的时候，不仅要清楚对方说了什么，还要注意他的用词和使用的语境。

比如情侣吵架，男孩儿在玩游戏，女孩儿想让男孩儿陪自己逛街，结果男孩儿没有答应，女孩儿便一脸失落地说："好，那你继续玩儿吧，我不打扰你了。"请问，女孩儿的意思真的是让男孩儿继续玩游戏吗？如果你的答案是肯定的，那就别怪女孩儿觉得你不解风情了。

同样是一句话，语境不同，表达的意思可能截然不同。在上述情景中，很明显女孩儿已经表现出了失落、无奈，甚至生气的情绪，如果男孩儿没有察觉到，两个人就很容易产生矛盾，甚至闹到分手的地步。

那么，会共情的人一般怎样应对刚才发生的事情呢？如果男孩儿的情商很高，他应该回应女孩儿："我打游戏你是不是不开心了？你是不是因为我没有陪你，觉得受伤了？"接着，男孩儿应改变自己的做法，及时满足女孩儿的需求。

再设想一个场景，客户忙了好几天，刚见面就向你吐苦水："最近一些事情搞得我焦头烂额，连午饭都没有吃。"如果你只看表面意思，那么可能会问"那您现在问题解决了吗？"或者"那您吃饭了吗？"。无论哪个问题都只会得到客户的敷衍回答。此时，如果用共情的思维来回应，那么你可以这样说："张总，我真是太佩服您了，饿着肚子还在处理工作，您可真是我的偶像，下回您得多教教我，我这里正好有小零食，您要不先垫一垫肚子？"相比前者，后者的回应是不是更能让客户对你产生好感和信任呢？

其次，学会把焦点放在对方关注的利益与需求上，而非对方的问题上。

人们常说，职场如战场，同事之间会因为工作发生冲突，上下级会因为任务完成得不理想发生冲突，部门之间会因为配合不当发生冲突。哈佛商学院的一项研究表明，避免或化解冲突的最佳方式就是共情。

要想做到这一点，我们需要了解什么是对方关注的、有价值的事情。比如，财务部首要关注的是风险而非收益，市场部则恰恰相反，如果没有了解客户真正的需求，失败也就在所难免了。

因此，在现实生活中，小伙伴们如果有条件，则可以试试与客户共情，用一句话、一个眼神、一件事，让对方感觉到你是自己人。即便只是与对方做了同频的事情，也会让他感受到你的真诚，并愿意与你交流。

成交关键词：造势

同样是包，为什么LV可以卖出高价且十分畅销，而质量跟LV差不多的其他品牌包却销量不高呢？

这里面涉及"附加值"的问题。例如，当大量货物被积压时，商家为了回本，有时会打价格战，这就无形中把商品的利润空间挤压了，进入了拼价格的恶性竞争，这种局面对销售人员是十分不利的。

这个世界上超级会做生意的犹太人就特别不喜欢打价格战，在他们看来，薄利多销打价格战，无限贬低自我价值，无疑是在"往自己的脖子里套绳"，是非常不利于商业活动的一种消极行为，而他们是如何避免这一情况的呢？他们十分注重提升自我价值。那么，如何提升自我价值呢？我们要学会造势，利用从众心理，并且要会讲故事。

第一，从众心理。

从众是指个体在社会群体的无形影响之下，不知不觉或不由自主地与多数人保持一致的社会心理现象，通俗地讲就是随大溜，也叫"羊群效应"，其表现是盲目从众，缺乏主见。

比如，你看到朋友穿某品牌的服装，自己就想方设法跟着买，而不考虑自身经济状况；看到别人家的孩子读名校，感觉自己的孩子在普通学校上学很没面子，于是千方百计找关系，竭力把孩子弄进名校。我们要保持自我的独立性，不被这一心理裹挟。

有这样一句话："有十个人，如果九个人沉默而其中一个人开口说话，那么说话的那个人就是领袖。"换句话说，正是因为人大都有从众心理，所以一旦你说的话能感染一部分人，那么大部分人都会赞同你、支持你。

举个例子，传销组织在给人"洗脑"时，经常利用ABC销售法则，即采用开大会的方式，利用人们的从众心理，促使他们做出不理性的判断。社区里一些卖保健品的人员更是把从众心理应用得炉火纯青，本来不想买产品的老人，一看见售卖现场热火朝天，也会掏出腰包，加入这场人为打造出来的狂欢之中。

当然，这些都是反面案例。在销售过程中，如果你也想试试这一技巧，则可以向客户反复宣传你的产品在不同行业被客户使用的案例，从而使客户产生"很多人都在使用该产品"的感觉，这种感觉一旦形成，其大概率就会产生从众行为。我去拜访客户的时候，通常会把相关部门的人都拜访到位，这样做的目的是混个脸熟，让目标客户内部形成一种"我就是最佳供应商"的效果，再借机一举拿下。

第二，会讲故事。

我曾经在北京举办的线下培训班中认识了一个"创二代"，他跟我说，他最苦恼的是在战术层面看问题看不到本质，有形而无"神"，我认为根本原因是故事没有讲好。

我们常说："三流销售卖产品，二流销售卖故事，一流销售谈理念。"

不信你回忆一下，那些让你印象深刻的商品，是不是都附带着一个有趣的故事？比如，某人在巴拿马万国博览会上打碎了一瓶酒，却赢得赞赏的故事（茅台酒）；一个经过27层净化的矿泉水的故事（乐百氏）；一个千岛湖的水有点甜的故事（农夫山泉）；一个打火机与美国勇士的故事（Zippo）……在这个激烈争夺客户的时代，会讲故事是一个优秀销售人员的标配，也是其必须掌握的技能，因为会讲故事不仅可以无形中提升我们的价值，还可以给我们带来很多好处。

好处一：可以引起消费者的兴趣。销售人员若能利用好"讲故事"这种人们耳熟能详的传播方式，可以自然而然地使客户产生一睹为快的冲动。

好处二：能让消费者产生代入感，成为支持者。精彩的"故事"具有感染力，会让人将自己的感情代入主人公身上，从而成为主人公的支持者。我们对陌生的公司或陌生的产品也会产生类似的感情，即面对原本不感兴趣的产品，一旦了解了其背后的故事，就会将自己的感情代入进去，最终成为其坚定的支持者。

比如，2021年河南出现灾情，鸿星尔克在自身盈利不理想的情况下，一下捐赠了5000万元物资。这件事传开之后，人们纷纷涌入鸿星尔克直播间，以"野性消费"的行动来力挺鸿星尔克。有些人甚至说，如果没有货，那么邮寄鞋带也可以。正是这么感人的捐赠故事，给鸿星尔克带来了指数级的增长，同时得到了人们的大力支持。

好处三：让客户记住你。通过"故事"来进行宣传很容易给客户留下深刻的印象，就算没有剧烈的感情波动，只要是自己感兴趣的事情，我们也会牢牢记在心里。比如，虽然我对高中时的生物老师已经没有什么印象了，但当年生物课堂上解剖青蛙的情景仍然历历在目。

好处四：在竞争如此激烈的当下，用"故事"将自己公司的产品与其他公司的产品区分开来，实现差异化和独特化，从而给客户留下深刻的印象。

小伙伴们，商业的第一件大事就是造势，我们可以利用人们的从众心理和借助讲故事，让客户"高看"我们，使我们变成市场上独一无二的存在。中国有个成语叫"势不可当"，这样的形象一旦塑造成功，成交之前的造势就成功了，而一旦造势成功了，成交就随之而来了。

第四部分

完美交易，巧妙掌控成交节奏

1

7 秒成交

高手签单就是不一样

一、快速成交的底层逻辑

在营销史上，有则经典的故事。

某富翁娶妻，摆在他面前的有三个人选。为了做出最后的决定，富翁分别给了三个女孩儿相同数额的金钱，请她们把房间装满。女孩儿A买了很多棉花，装满了房间的二分之一；女孩儿B买了很多气球，装满了房间的四分之三；女孩儿C十分聪明，买了蜡烛，让光充满了整个房间。但最终，富翁选择了身材最好的那个女孩儿。

这则故事虽然调侃意味十足，却蕴含着值得我们深思的营销理论。三个女孩儿都很聪明，但她们其实都不知道富翁的真正需求是什么。其实，在销售中也是如此，很多小伙伴经常抱怨：为什么客户迟迟下不了决心？为什么自己明明已经很努力了，却怎么也成交不了？

归根结底，还是我们不知道快速成交的底层逻辑，没有搞清楚客户真正想要的是什么，甚至很多时候，客户自己所说的需求都未必是真的。这就要求我们具有一双善于发现问题的眼睛，平常在工作中多关心客户想要什么，并且清楚自己能够提供什么，真正做到知彼知己。

巴菲特的儿子曾经说过这样一句话："如果我的父亲是天下第二聪明的人，那天下第一聪明的人肯定是查理·芒格。"虽然查理·芒格不如巴菲特名气大，但他是站在巴菲特背后的人，两人共事了五十多年。

查理·芒格非常喜欢钓鱼，有一次，他走进一家渔具店，逛了一圈问老板："这些鱼钩、鱼线五颜六色的，鱼真的会喜欢吗？"渔具店的老板头也没抬，直截了当地回答："鱼喜不喜欢我不知道，只要客户喜欢就好。"

这个老板非常聪明，因为他知道迎合客户真正需求的重要性。在销售行业里有一句经典的话："客户不是要买电钻，而是要买墙上的那个洞。"在"电钻"和"洞"之间连接的正是客户的真正需求，如果你不了解客户的真正需求，那么你很难在激烈的竞争中脱颖而出。

（一）顾问式销售：比客户更懂他自己

在生活中，我经常接到一些陌生的推销电话，大部分都是推销保险、房子、课程的，因为没有需求，所以这种电话我基本上都直接挂掉。有一次，我接到一个保险业务员的电话，这名业务员明显是有备而来的，他知道我的车险很快就要到期了，而他可以提供十分优惠的车险，价格比我之前买得便宜不少。看我兴趣不大，他又说，因为这个月自己业绩压力比较大，他可以把自己的一部分提成让给我，这样我就又可以节省1000元钱。

我听后有些心动，加上自己确实有这方面的需求，便很快跟他达成约定，让他整理一下报价，并通过微信发给我。

没过多久，我又接到一个推销车险的电话。我本想"货比三家"，听听这名业务员的方案，但他在自报家门后紧接着说"请问您的车是什么时候买的？"，我一听就不耐烦了，难道我什么时候买的车还要向你汇报不成？

我知道，他们如此频繁地给我打电话，肯定是从某种渠道得到了我的个人信息，面对需求如此精准的客户，第二名业务员不仅没有通过对信息的分析，提炼出车主的痛点和真正需求，以此来提高自己的成交概率，还反过来问车主基本问题，那我的选择自然显而易见——与第一名业务员达成合作。

一名优秀的销售人员要展现出解决问题的专业态度。然而，在这个信息爆炸的时代，很多客户自己就是半个专家，面对这种情况，我们在进行销售的时候要学会适时地转变身份，从指导客户变成辅助客户，通过顾问式销售，真正帮客户解决问题。

从定义上来说，顾问式销售指的是站在客户的角度，为客户提供专业意见和解决方案，从而使客户对产品或服务做出正确选择。顾问式销售要求我们在工作中学会从客户的角度去解读产品，站在客户的立场上考虑问题。因为客户可能并不关心你的产品是什么，具有什么样的功能，他们更关心你的产品可以为他们带来哪些好处。只有比客户更懂他自己，才会让他瞬间心动。

（二）显性需求vs隐性需求

很多销售人员在跟进某个项目的时候，可能会遇到这种情况：开局很顺，客户关系也处理得不错，但是做着做着突然就遇到了瓶颈，好像卡住了一样，结果很好的项目最后不了了之。

2016年，我的一位同事接到一个大单子，面对的是一家天津的公司，前期双方沟通得非常顺畅，只沟通了几天，对方的采购员就直接打来电话："下周一来工厂签订合同。"

然而，事情就从这里急转直下，我的同事周一来到工厂之后，采购员告诉他，领导在开会，没时间签订合同，结果一等就是一天。第二天，我的同事又去找采购员签订合同，但是采购员告诉他："领导出差了，今天这件事情办不了。"

过了一周，我的同事继续跟进这个项目，采购员说，领导出差回来了，看了一下你们的报价，觉得不太合理，要求你们重新报价。于是，我的同事回到宾馆重新将报价发过去，转眼又过了几天，采购员不是说领导在开会，就是说领导正在考虑，总之就是用各种理由搪塞，既不签单也不直接拒绝。我的同事在宾馆等得焦急，于是给我打电话，咨询我对此事的看法。

我说："出现销售停滞问题，无非有两种原因，一种是产品没有得到客户的认可，另一种是没有满足客户的隐性需求。从你这个案例来看，明显是第二种原因。"

"可是他根本不见我，什么都没办法谈啊！"我的同事抱怨道。我说："对采购员而言，他的需求分为显性需求和隐性需求。能公开谈的叫显性需求，客户一般会直接说出来，这是必要的。但除此以外，他可能还有隐性需求。这个采购员喊你来签单但是又拖着不签，说明他们需要你的产品，但是你并没有真正了解其隐性需求，因此才会卡在这里。"

"哦，我明白了，知道该怎么做了。"同事说完就挂了电话。当天晚上8点，同事与这个采购员通了电话，经过深入沟通了解了其隐性需求，结果第二天就顺利签单了。

因此，我们在了解客户需求时，千万别忘了客户的隐性需求。那么，我们应如何对其隐性需求进行识别呢？

根据马斯洛的需求层次理论，人类的需求像阶梯一样从低到高排列，分别是生理需求、安全需求、社交需求、尊重需求和自我实现需求。在马斯洛看来，人类价值体系存在两种不同的需求：一种是沿着生物谱系上升方向逐渐变弱的本能或冲动，称为低级需求；另一种是随着生物进化而逐渐显现出来的潜能或需求，称为高级需求。每个人都潜藏着五种不同层次的需求，但是在不同时期表现出来的对各种需求的迫切程度是不同的，人的需求是从外部获得满足逐渐到内部获得满足的转化过程。

因此，当你下次接触客户的时候，不妨从马斯洛的需求层次理论中寻找一些灵感，并将其作为突破口，也许会有意想不到的收获。

（三）如何在晴天把雨伞卖出去

众所周知，雨天雨伞是最好卖的，因为大家需要用它来避雨。但是，如果让你在晴天卖出去一把雨伞，那么你需要如何与客户沟通呢？我们可以根据客户的个性化需求，为其提供更多使用产品的新思路。比如，雨伞在晴天可以遮阳，女士可以用雨伞防身，老人可以将雨伞当作拐杖等。如果你不确定客户的隐性需求是什么，那么可以通过提问的方式了解客户内心的想法。

两名信徒分别向上司提出请求，甲问"我在祈祷时可以抽烟吗？"，乙问"我在抽烟时可以祈祷吗？"。结果，甲的请求被驳回，还挨了一顿批评，因为"祈祷这么神圣的行为，他竟然还想抽烟"；而乙的请求被欣然接受，他还成了优秀代表，因为"他太虔诚了，连抽烟时都不忘祈祷"。

同样一件事，由于提问的方式不同，给人的感受和结果完全不同。销售人员要想从客户口中获得准确的信息，十分有效的方法就是提问，在一问一答之间完成洽谈。

一般来说，我们在洽谈中最常用的提问方式是肯定式提问，即首先陈述一个事实，然后针对这个事实发问，让对方给出相应信息，通过客户的不断肯定，推动洽谈的进程，促使快速成交。

比如，某超市的酸奶促销员准备向顾客推销新上市的酸奶，这时，她看到一名顾客正在酸奶柜台前犹豫不决，于是她主动迎上去。

促销员："您平常很喜欢喝酸奶吧！"

顾客："是呀，我乳糖不耐受，平常只买酸奶不买纯牛奶。"

促销员："原来这样啊，喝酸奶确实不易出现这样的问题，可以放心喝。"

顾客："是啊。"

促销员："那您可能品尝过各种口味的酸奶吧？"

顾客："对啊，市面上的酸奶我几乎都品尝过了。"

促销员立刻抓住机会，说："那您听说过这款内蒙古酸奶吗？它精选内蒙古优质奶源，喝上去比其他酸奶的味道更加醇厚，而且有多种口味。现在新品促销，买一赠一，非常划算，建议您试一试。"

顾客："好呀，那我试一试。"

通过这个简单的案例我们可以看出，顾客在促销员的肯定式提问下，接连做出了几个肯定回答，不仅明确了自己的需求，还渐渐形成了肯定思维习惯，当促销员提出成交建议时，对方便一口答应了。

我们在运用这种提问方法的时候，可以从宽泛的、一般性的简单问题开始，然后逐渐深入，在了解客户的需求之后，将问题缩小到某个范围。若客户在意性价比，可以着重提优惠；

若客户在意产品质量，可以将重点放在质量保证上。只要你方法运用得当，说的话与客户的看法一致又符合事实，就可以有效地引导客户，直至顺利成交。

提问的方式十分重要，常用的提问方式有以下几种。

（1）求教式提问。以请教问题的方式试探性提问，如"这件商品是某知名公司生产的，您觉得质量怎么样？"。这种提问方式适用于在不清楚对方态度的情况下投石问路，以试探出对方的态度。

（2）启发式提问。先虚后实，引导客户主动表达，说出我们想要的答案，如"您喜欢质量好的产品，还是质量一般的呢？"。这种提问方式循循善诱，适用于对比较纠结的客户采用，有利于控制谈话方向。

（3）限定式提问。对一个问题提供两种可以选择的答案，并且这两种答案都是肯定的，如"您看，我明天上午去您公司，是9点合适还是10点合适？"。在采用这种提问方式时，应尽量避免让客户在"是"与"否"中做出选择，而是应尽量使其顺着你的思路达成约定。

（4）"照话学话"式提问。先肯定客户的见解，再在客户观点的基础上，用提问的方式说出自己的观点。比如，当客户说"这款产品确实符合我的需求"时，你可以回复"如果您觉得我们的产品能为您解决问题，那么还需要多久才能成交呢？"。这样既不会显得太突兀，也会"推"客户一把，以快速成交。

（5）根据刺猬效应提问。在各种促进成交的提问中，这种方法是很有效的一种，其特点是用一个问题来应对客户提出的问题，用问题来控制和客户的洽谈，把谈话引向销售流程的下一步。比如，客户问"这款产品能不能立刻帮我节约成本？"，销售人员说"您很在意这款产品能否帮您节约成本吗？"，客户回答"不是，我只是想快点见到成效"。

你看，针对这个客户，如果你没有提问，只是一味地推销能降低成本的产品，就与客户的需求不符了。如果你从提问中了解了客户的真正需求，就可以从"如何做才更高效"的层面吸引客户成交。

因此，可以说，我们和竞争对手的最终竞争集中在客户的需求问题上，看谁能准确把握客户的需求、快速找到客户的痛点，这就需要大家在日常的销售工作中多磨炼自己，努力提高自己的能力。

二、成交的最强诱惑

小时候和人吵架，往往令人郁闷的不是吵架失败，而是当事后回顾吵架的过程时，突然想到了反击的新招式，甚至想出了一两句特别凶悍、能一招制敌的"金句"，然而错过的机会不能重来，想到了再凶的台词也不能追上对方开骂，于是只能自己缩在被子里面，郁闷地拳打脚踢。

年少时期的骂架，没有把特别凶悍、狂野的语句说出来，对"敌人"造成极大伤害，这是好事。但是，如果成年后从事销售工作，无法用恰当的方法和十分精妙的语句，对客户输出产品最有吸引力、无可替代的卖点，形成不了对客户的最强诱惑，导致客户流失，那就不只是遗憾了！

有人说，销售是一项永远不会失业的工作，因为不管在什么年代，都会有它的一席之地，只要你掌握基本的技巧和方法，就可以做得不错。不过，随着互联网时代的到来，各行各业都在寻求转型升级，销售人员如果能够打破传统销售思维，了解更多线上营销渠道，发挥平台的优势和放大效应，就可能成为奇迹的创造者。

（一）互联网时代必备的成交利器

在互联网时代，营销最重要的是什么？对，是流量。要想实现流量变现，我们需要做好网络营销。可是，如今线上平台那么多，我们应该如何选择，才能用最小的投入获得最大的回报呢？

下面我们以当下十分受欢迎的社交平台为例，讲一讲互联网时代必备的成交利器——抖音和小红书。

首先，我们来看看如何利用小红书提高自己的销售业绩。

作为年轻女性的大本营，小红书这几年风头无限，据统计，截至2022年3月，小红书拥有超2亿名月活跃用户，每天都有几十亿次的笔记曝光，超大流量使小红书成为十分受欢迎的产品推广平台，各大品牌美妆、快消商家都将小红书作为推广营销的前沿阵地。

然而，很多销售人员不知道如何利用小红书这一平台。有不少小伙伴向我反映，自己注册了小红书账号，还发了笔记、拍了视频，用心经营了好一阵子，但根本没有多少人关注，因此没过多久就放弃了。那么，应如何利用小红书进行产品营销呢？我建议试试以下方法。

（1）利用明星和网红种草。

利用明星和网红自带的影响力，可以让产品在短时间内获得大量的曝光，这种日常带货的形式，受众接受起来比较容易。不过，我们在选择这种形式进行推广时，需要先确定领域，再选择相关领域的博主，假如你让数码博主推销美妆，效果可想而知。除此以外，还要打造独特的推广领域，进行专一推广，这样才能收获大量的忠实用户。

（2）创造优质的内容笔记。

如果你的预算不高，那么可以通过自行铺笔记的方式增加曝光。虽然没有知名博主那么大的流量，但是小用户的笔记也有独特的优势，就是自带真实感，更容易获得受众的信任。

不过，由于没有粉丝基础，为了提高曝光的概率和获得算法支持，在进行内容创造时应注意以下几点：图片一定要恰到好处，建议使用清晰、吸引人的图片，但不要太商业化；标题要十分抢眼，主题明确，可以适当地添加"私藏""干货"等关键词，以提升点击率；正文内容不能过长，尽量短而精，给人条理清晰的感觉。最后，还要善于灵活利用热门话题，以提升被推荐的可能性。

（3）良好互动。

我们可以适当地利用转发有奖、评论有奖等方式来吸引用户，借助转发的力量对产品进行推广。

其次，我们再来聊聊抖音。抖音用户丰富多元，但并不是所有的产品都适合在这个平台上进行营销。一般来说，与人们生活联系紧密的衣食住行等服务型企业更适合在抖音平台上发力。那么，如何通过抖音促进成交呢？

（1）拼创意。

有人说，在抖音上揽客就像在集市上叫卖，谁的东西越新颖，玩法越有趣，引来围观的人就越多。如果你的产品本身就是创新型产品，则可以通过视频直接展示；如果你的产品功能没有那么强大，则可以针对某一特点进行适当的夸张展示，力求令人过目不忘。

（2）玩互动。

海底捞之前爆火的"不花钱吃海底捞""自带食材去海底

捞"等玩法，虽然引发了一些争议，但也让很多人产生了试一试的想法。这种创新方式抓住了年轻人爱猎奇、爱跟风、爱挑战的心理，让品牌得到快速传播。

（3）曝光日常。

产品营销不一定非要卖产品，还可以从企业文化上下功夫。尤其是一些知名企业，抽空在办公室拍拍段子、拍拍日常，就会为自己积累大量的粉丝，拉近与客户的距离。

需要注意的是，在这些社交平台上获得流量之后，还要做好用户的转化和承接工作，如通过微信将用户引进群，进入最后的成交阶段。

（二）玩转朋友圈，打造人脉圈

以前做销售，认识客户主要借助名片；现在做销售，联系客户几乎都用微信。尤其是随着微商的诞生，朋友圈俨然成了一个非常重要的营销平台。

利用朋友圈打造人设，从而达到广而告之的效果，是每个销售人员应学会的。

首先，对微信好友来说，销售人员的朋友圈是展示自己和产品的广告牌，这个广告牌不能一片空白，因此销售人员要学会经营自己的朋友圈，保持一定的更新频率，这样才能使宣传效果最大化。

其次，朋友圈的内容不能千篇一律，即使只销售一种产品，也不能将一种文案反复发送，配图更不能一直不变。

再次，虽然是为了宣传产品，但朋友圈也不能全部都是工作内容，可以适当地增加一些生活方面的内容，以五分之一的占比为宜，让大家感觉到你是一个"活人"，而不是一个只知道打广告的"机器人"。我们也可以适当地发表一些段子、热门电影推荐、卡通图片、生活感悟等，通过朋友圈评论与回复，增加与客户的互动。

除此以外，我们还可以发表一些成交后的客户反馈，产品售后服务及行业动态，提升自己的专业度，客户可能会因此更加放心与你合作。

最后，不管你发送什么内容，都要做到简洁、明确，不能长篇大论，最好让人一眼就能看出你想要表达的中心思想，否则不仅人们没有耐心读下去，因文字过多，在朋友圈显示的时候也会被折叠起来。在内容的选择上也要注意积极向上，不发表消极负面的内容，通过充满正能量的内容打造良好的形象，这样也会让看到这条朋友圈的人感受到你的正能量，从而更愿意与你合作。

作为一名成功的销售人员，打造朋友圈的主要目的是给更多的客户提供一个认识你、了解你的窗口，这样在他有需求的时候，才会第一时间想到你。

因此，每天拿出几分钟的时间优化一下你的朋友圈吧，大到排版配图，小到头像、背景及自我描述，这些内容加在一起，就构成了你在这个小小空间里的虚拟形象。只要你坚持并真诚地分享，机会总有一天会主动来敲门。

（三）好的文案，价值百万元

在互联网时代，流量是产品推广的核心，但不管是哪个平台，要想获得流量，文案都是广告宣传中的重中之重。当文案中的某个点正好切中客户的痛点时，再配合平台传播，自然就会产生爆炸式的宣传效果。

然而，在实际生活中，这样理想的状态可遇而不可求，很多小伙伴正在苦恼的问题是：为什么我写的营销文案总是激不起客户的欲望？为什么我辛辛苦苦策划的营销活动无人关注？

那么，要想写出直击客户内心的、具有吸引力的营销文案，我们应该注意些什么呢？

首先，在合适的时间写给合适的人。在撰写营销文案之前，我们要弄明白几个问题：目标受众是谁？想获得什么样的效果？文案在其中要起到什么作用？

如果有一款产品是面向所有人的，那最大的可能是大多数人都不会买。因此，我们在撰写文案的时候，一定要避免目标过于分散及对受众群体定位不准确。即使你觉得自己的产品卖点很多，也不能将所有的卖点都呈现出来。当然，你也可以针对不同人群或不同场景进行不同的卖点设计，但一次最好只推一个，这样才能说到受众的心坎上。

其次，放大痛点。在确定目标受众之后要想一想，他们需要什么？你能给他们提供什么？他们还有哪些隐性需求没有被满足？

这些内容你都可以在文案中通过醒目的标题或简短的语言展示出来，给人惊喜之感。只有将他们的痛点放大，摆在他们面前，他们才会对你提供的产品或服务更加重视。比如，很多女性希望自己的皮肤吹弹可破、白里透红，你可以反其道而行之，告诉大家，如果不注重保养，皮肤就会变成什么样子，以此吸引大家的注意力，提供一个成交的理由。

最后，用"走心"的文案吸引客户。一个高级的销售过程，不应该仅涉及冷冰冰的钱货交易，应该是有温度、有情感的。文案写作同理，人们已经厌倦了假惺惺的广告套路，如果你能够诉诸情感，用充满人文关怀的文案轻声浅语，会让受众耳目一新，进而引发他们在情感上的共鸣，最终产生购买行为。

古语有云："上兵伐谋，攻心为上，攻城为下。"在这个文字泛滥的时代，只有兼顾技巧与温度，写出能够走入受众内心的文字，才能填补人们内心的空缺，如果你能做到这一点，还怕没有人来买产品吗？

（四）引流大法：打造个人IP

在互联网时代，如果你想成为一个销售高手，就应该做一件事，那就是打造个人IP。IP是Intellectual Property（知识产权）的缩写，在这里指的是品牌。

因为销售的基础是信任，有信任才会有成交，所以我们前面说了那么多，很多都是在教大家如何获取客户的信任。

为什么要打造个人IP呢？想象一下，如果一个新客户添加了你的微信，他首先打开了你的朋友圈，也看到了你在视频号上的更新，然后又在社交平台上关注了你的账号，看到了你与粉丝的互动，虽然你一句话都没有跟他说，但他已经在无意中完成了和你的深度连接。

我们再换一个情景，一个人总是在抖音或者小红书上刷到你的账号，他很欣赏你的观点，于是关注了你的账号，成了你的忠实粉丝，那你还需要花费力气去证明自己值得信任吗？

如果说传统销售的路径是"客户询问—解答—案例说服—信任—成交"，那么个人IP型销售的路径是"打造个人IP—信任—成交"。可见，后者一下子少了两步。因此，打造个人IP是加速成交的重要方式，甚至可以看作私域销售的"天花板"。

只要有了个人IP，我们就已经解决了销售中一个十分难的问题——"建立信任"，可是我们应该如何打造个人IP呢？

首先，重新定位。

有些小伙伴特别谦卑，内心把自己定位成一个推销员，觉得自己就是一个卖东西的，在与他人交流的时候总是觉得低人一等，结局自然是屡屡失败。如果你想拥有个人IP，让成交更轻松，就应该摒弃这种卑微的想法，明白自己不是一个单纯的服务者，而是解决方案的提供者。

比如，如果你推销的是企业贷款产品，那么可以把自己打造成企业理财师；如果你推销的是化妆品，那么可以把自己打造成美妆达人；如果你推销的是葡萄酒，那么可以把自己打造成葡萄酒鉴定师。在确定个人标签之后，再展开下一步的工作，如选择一个平台，为自己起一个容易被搜索到的昵称。

其次，持续输出。

个人IP的打造是一个持续的过程。有些小伙伴刚开始劲头很足，账号一天两更也不嫌累，但没过多久就坚持不下去了。其实，我们不用给自己特别大的压力，也不用过分追求粉丝量和阅读量。

昙花一现不如细水长流，只要保持一定的更新频率并坚持下去，输出高质量的原创内容，相信你一定能吸引到与你同频的人。

再次，敢于秀出自己。

我们应该在受众心中树立一个鲜明的、有血有肉的形象，这样才能让大家愿意去了解你、喜欢你，而不会觉得自己关注了一个只会跟风的"营销号"。必要的时候，我们还可以组织一些线下的见面会，与受众建立情感联系。

最后，大胆地进行商业变现。

很多人在做出一点成绩，有了一定的知名度和影响力之后，过于"珍惜自己的羽毛"，甚至不敢提任何关于销售的内容，生怕自己的粉丝因此流失。然而，想要个人IP有价值，敢于对自己标价，拒绝不付费客户，才是IP商业化探索的真正开始。

在这个商品同质化越来越严重的时代，消费者考虑的已经不再是"怎么买"而是"跟谁买"，如果你能够利用好互联网时代的平台和工具，那么即使你足不出户，客户也会主动跑来找你。

三、一击即中，给对方最期待、最想要的

1995年，"白加黑"这一抗感冒药在上市仅仅180天后，销售额就突破了1.6亿元，在拥挤的抗感冒药市场上分割了15%的份额，获得了行业第二品牌的地位。如此令人震撼的数据，如此惊人的速度，在中国营销史上堪称奇迹。即使很多年过去了，人们提起"白加黑"的广告语，依然赞不绝口。

一般来说，在同质化市场中，很难发展出独特的销售主张。尤其是在抗感冒药市场中，具有相似配方和功效的产品数不胜数，市场处于高饱和的状态。然而，为什么"白加黑"依然能够取得如此巨大的成功？其实，它的成功并非无迹可寻。它运用了USP理论，以独特的卖点来赢得客户的关注和喜欢。

那么，USP到底是什么呢？

（一）USP，你的独特卖点

"为什么客户要选择你的公司、产品或服务，而不选择与其他竞争者合作？"

针对这个问题，给出的答案就是USP。从定义上来看，USP的全称是Unique Selling Proposition，指的是独特的销售主张。

20世纪50年代，美国达彼思广告公司的董事长罗瑟·瑞夫斯（Rosser Reeves）第一次提出这一概念，他认为，USP应满足三个条件。

第一，利益承诺，也就是强调产品有哪些特殊功效，能给客户带来哪些切实的利益，而不是自吹自擂。

第二，独特性，甚至是唯一性。这个销售主张应该是竞争对手不具备的，或者竞争对手还没有提出的，此与众不同之处是吸引客户关注的关键。

第三，必须具有极强的说服力和感染力，足以让人们行动起来，成为你的客户。试想一下，如果你跟大多数竞争者没有区别，那么客户为什么要选择你呢？

对一款产品来说，很多特征可以成为它的"独特卖点"。在生活中，我们使用较多的是低价格、高品质和良好的服务等。从理论上来说，产品的卖点可以有无数个，因为你总可以扬长避短、开动脑筋，找到与其他产品的差异，然后将这一特点无限放大。比如，同样是汽车，宝马侧重操控，奔驰侧重舒适，而提到安全，很多人第一时间会想到沃尔沃，这些品牌都是通过强化自身的差异性来赢得忠实客户的。

在定位方式上，USP打破了传统。一般传统的定位方式是从客户的立场出发，在客户心中找到属于自己的位置，而USP是基于现有的产品，从中找到一个独特的、真实的、对客户有利的卖点，从而提高自己的影响力。

这就意味着，在如今竞争十分激烈的市场环境中，仅凭低价格、高品质已经不能满足客户的需求。销售人员要想提高销售业绩，就应该由以产品为中心转变为以客户为中心，在了解客户的真正需求后，结合自身产品的优点来说服客户，这样才能提高自己的竞争力。

（二）普通挂面与蔬菜挂面

每个销售人员都希望达到这样一种状态：自己做一个广

告，写一个文案，提出一个建议，就能立刻得到客户的积极响应，并且按照自己的意愿去购买产品，就像膝跳反射那样，迅速且确定。

然而，现实总是会给人泼一盆凉水。时至今日，没有任何一种方法可以获得如此"洗脑"般的效果。因为每个客户都是独立的个体，都有自己的个性，不可能完全按照我们的意愿行事，但这并不代表我们就不再为此努力了，利用USP就是达到这一理想状态的捷径。

那么，在实际销售过程中，我们应该如何运用这一理论呢?

我们需要先了解一下"独特的销售主张"与"卖点"的关系，很多人都容易混淆这两个概念。其实，这两个概念本质上有很大的区别："卖点"常常是理性的、自带的、客观存在的，而"独特的销售主张"是感性的，需要我们去提炼、发现。

下面拿超市里卖的"普通挂面"和"蔬菜挂面"来具体说明。虽然"蔬菜挂面"属于挂面的一种，但是它的卖点是独特的销售主张的卖点，属于绿色食品。普通挂面有饱腹的功效，而"蔬菜挂面"不仅可以饱腹，还可以为人类补充多种微量元素。众所周知，农夫山泉打的广告有"农夫山泉有点甜"，"我们不生产水，我们只是大自然的搬运工"等，这些话把农夫山泉和其他矿泉水区分开来，打造了自己独特的销售主张。

小伙伴们不妨思考一下，你们的产品有没有独特性? 或者你们的销售过程有没有独特性？产品的独特性越高，越能吸引更多的人来下单。

我们再来看一个案例。有一家制鞋厂准备开拓海外市场，于是派了两名业务员到南太平洋的一个岛国去调查市场。然而，这两名业务员登岛的第一天就发现，由于这里天气炎热，所有的人都赤脚走路。

一名业务员非常沮丧，立刻向公司汇报了这里的情况，建议放弃这部分市场，并且他马上去了其他国家。但另一名业务员没有着急下定论，而是安心在当地住了下来，决定先了解一下当地的风土人情和市场潜力。过了一段时间，他发现由于当地没有什么娱乐活动，人们喜欢晚上聚在一起跳舞。

于是，他决定策划一场舞会，邀请人们来免费参加，而且在现场给人们提供免费的鞋子穿。这场特殊的舞会一连开了好几天，知道的人越来越多，人们对穿鞋的态度也从好奇转为习惯，觉得穿着鞋跳舞比赤脚跳舞舒服很多。

就这样，留下来的这名业务员一举成为公司的销售冠军，而他运用的方法就是独特的销售主张。

销售人员要想说服客户快速成交，不仅需要掌握一定的销售技巧，还需要掌握行之有效的销售方法，这样才能在实战中如鱼得水。

有的小伙伴可能会问：如果实在找不到独特的销售主张怎么办？其实，不是你找不到，而是你缺少发现美好的眼睛。下面我们来具体分析一下，如何以产品特性为卖点在销售过程中推波助澜，促进成交。

1.一语命中，提炼精华

著名的管理咨询公司麦肯锡，曾独创出一种极度高效的表达法则：要求每位业务员都具有在30秒的时间内向客户推介方案的能力。麦肯锡认为，通常人们只能记住1、2、3，而记不住4、5、6，因此叙述任何事情都要归纳在三条以内。这就是著名的"30秒电梯法则"，强调凡事要直奔主题、直奔结果，快速而清晰地表达重点信息，为自己与对方节约时间及沟通成本。

若将这一法则放在卖点的提炼上，就是要用精简的语言，将产品的独特之处概括出来。比如，M&M巧克力豆的广告，就是USP理论指导下的一个经典案例。

1954年的一天，M&M糖果公司的约翰·麦克纳马拉正在为之前失败的广告发愁，他想为M&M巧克力豆做一个真正有效的广告，力求带来更多的客户。为此，他来到广告大师罗瑟·瑞夫斯的办公室，说明了他的这一需求，并陈述了自己产品的特点——M&M巧克力豆是美国唯一一种用糖衣包裹的巧克力。

10分钟后，罗瑟·瑞夫斯认为他已经找到了能够说服客户的独特卖点，于是便有了那句著名的广告语——"只融在口，不融在手"。这一句话兼具实效和创意，成了M&M巧克力豆的长期广告语，并且带动产品销量猛增。

同样运用这种方法提炼卖点的例子数不胜数，比如妇炎洁——洗洗更健康；海澜之家——一年逛两次海澜之家，男人的衣柜；赶集网——赶集网，啥都有；知乎——有问题，上知乎；脑白金——今年过节不收礼，收礼只收脑白金；恒源祥——恒源祥，羊羊羊……这些广告语都属于从烦琐的文字中提炼关键信息，进行精简传达，最后一语中的。

2.在某方面做到极致

为了吸引客户跟你成交，且只能跟你成交，你应该向他证明一件事，那就是你有能力用其他人没有想到的方式来解决他的问题。这个其他人没有想到的方式就是你的主要竞争优势，也是你说服客户成交的底气。

在美国，通常只要有饭店的地方就会有比萨，各式各样的比萨已经让市场趋于饱和，几乎每个比萨店都为抢顾客使出了浑身解数，价格也在充分竞争中降低了。在这片炙热的市场中，如何找到自己的独特卖点，让顾客毫不犹豫地选择自己呢？

多米诺比萨给出了自己的答案，它的广告语是："在30分钟或更短的时间内将新鲜的比萨送给您，否则免费。"虽然别的比萨店也提供外送服务，但没有人敢做出这样的承诺，所以多米诺成功了，每当人们想立刻吃到比萨时，第一时间就会想到多米诺。

同样，如果你可以做到让客户在需要某种产品或服务的时候第一时间想到你，那么你就成功了。

3.真实有效

有些商家为了达到差异化效果，故意夸大自己产品的某些特点，如"让人年轻二十岁""三天恢复视力"等，这些话看似非常具有诱惑力，也可能吸引一些客户冲动下单，然而如果你的实际效果完全没有达到你所宣传的，那么你的独特销售主张就会起到适得其反的作用，甚至会造成大量客户流失。

因此，必须提醒一点，如果你的产品还没有完善或者配套服务没有跟上，切忌一拍脑袋推出一些你完全做不到的USP，否则就会遭到"反噬"，白白便宜了你的竞争对手。

虽然USP是经过了较多验证的可操作理论，但这个世界上并不存在百分之百能说服客户的营销手段，在这一理论的应用过程中，会发现一些弊端。比如，USP的核心是针对产品的，在提炼产品的价值时，很容易导致两种结果。

第一，过于关注产品，忽视了品牌。因为广告语朗朗上口，很多消费者记住了那个独特的价值，记住了产品，却忘记了品牌。结果，产品销量确实提升了，品牌却没有建立起来。

第二，过于关注产品，忽视了客户。若你只注重挖掘产品的特点，没有仔细研究客户到底需要什么，这个时候就容易出现问题，要么无法对客户形成什么刺激，要么客户根本就不需要这个价值。比如，某矿泉水品牌提出自己的矿泉水经过了

27层净化，另一个矿泉水品牌紧接着提出自己的矿泉水经过了35层净化，而客户对此完全没有概念，那就比较尴尬了。

事实证明，客户并不会对所有独特的销售主张买单。因此，当我们在销售过程中想使用这个理论时，应该结合自身品牌、产品、所处环境，通过自己的判断进行综合分析，再决定具体使用哪种方法，这样才能在红海市场中打造一片蓝海。

四、话术模板，加固对方的决策和信心

《礼记·典礼上》中有这样一句话："礼尚往来，往而不来，非礼也；来而不往，亦非礼也。"

中国人讲究礼尚往来，人们会为了加深感情而相互赠送礼物，相互赠送礼物是人类社会生活中不可或缺的社交活动。在史书中，就有因送礼不周而引发战争的记载：在春秋时期，楚国没有按时向周天子送一车茅草，这竟然成了战争的导火索，中原各国联盟大举伐楚。

如今，礼尚往来更是年轻人崇尚的。不管是在生活中还是在工作中，一件理想的礼品，对赠送者和接受者来说，都能表达某种特殊的祝福，传递某种特殊的信息，互赠礼物成为人际关系的润滑剂。

在销售工作中，销售人员为了增加与客户的感情而赠送一些礼物更是一种常态，不过礼物如何送是一门大学问，甚至会影响接下来的合作与成交。

有一次，一位 IT 服务公司的董事长向我咨询，他说有个客户跟他的关系不错，正好赶上中秋节，他就给这个客户寄了一盒月饼，本以为可以让彼此的感情升温，没想到客户直接拒绝了，并发微信让他拿回去。送出去的礼物岂有拿回来的道理？他坚持让客户收下。

没想到，客户硬是没有收，并且将月饼寄到了他的公司。这位董事长很疑惑，为什么礼物没有送出去呢？

我们可以分析一下，一般礼物没有送出去有以下三种原因。

（1）送的礼物不是对方喜欢的。

（2）送的礼物太贵重，超出了对方的承受范围。

（3）送礼物时语言不够"柔软"，让对方觉得赠送者不真诚，不愿意接受馈赠。

从这位董事长的描述来看，他在送礼物时的态度比较生硬，导致礼物没有送出去的原因很明显属于第三种。当客户发微信让他将礼物拿回去的时候，我们可以理解为客户接受礼物，但客户可能觉得无功不受禄，心里有些过意不去。当遇到这种情况时，这位董事长应该给客户一个台阶下，这样客户就安心收下礼物了。

　　如果我们给客户赠送一些小礼物，但客户不好意思收，我们可以这样回复："张总，我已经坐上了回公司的火车，送给您的是家乡的特产，不值钱，只是我的一点心意，您就收下吧！"利用这样的话术，让客户有理由接受，客户有个台阶下，一般就半推半就地接受了。

　　相反，如果赠送者的话术仅仅是"您收下吧！"，就有些不太妥当，好像在自上而下赏赐他人，给人领导赏赐下属的感觉。客户本来就觉得无功不受禄，心里面有个坎儿，再听到"您收下吧！"这样的话，他可能就会感觉赠送者的态度不够诚恳，大概率会选择拒绝。

　　因此，销售人员在送礼物的时候，一定要把握好度，既不能太过谄媚，也不能太过冷漠，以免让对方觉得不舒服。

（一）卖产品不如卖氛围

　　在成交过程中，有很多需要注意的细节（如客户的情绪变化），如果我们没有提前考虑到，很可能就会"千里之堤，毁于蚁穴"。就像我们在前文提到的送礼物这样的小事，如果处理不好，也会动摇对方的决策和信心。

　　关于送礼，中国人有一句俗语叫作"千里送鹅毛，礼轻情意重"。青年男女恋爱的时候，男方请女方吃饭，并不会让人感动，但如果男方将做好的饭，千里迢迢给异地的爱人送去，却会令女方很感动。这其中的关键就在于两个字：心意。虽然送礼乍听起来不是什么好事，但只要心诚，再加上一些技巧，就会产生四两拨千斤的作用。我们在与客户沟通的时候，要想将礼物送出去，应该如何照顾到客户的心理，安抚客户的情绪呢？

1.善用登门槛效应

从定义来看，"登门槛效应"又称"得寸进尺效应"，指一个人一旦答应了他人一个微不足道的要求，为了给他人前后一致的印象，就有可能答应更多的要求，就像登门槛时要一个台阶一个台阶地登，这样能更顺利地登上高处。

在销售工作的送礼环节，我们可以这样一步一步登门槛。比如，当第一次见客户的时候，可以带上一块巧克力或者一根棒冰，这些礼物的价格低，一般没有人会感觉你在送礼，而是更像随意而为，所以他们不会因为拿了这些小礼物而感到有压力。

当第二次见客户的时候，我们可以送上印有公司Logo的礼物，如笔记本、充电宝、小夜灯等，这类礼物的价格最好控制在20~30元。如果客户不愿意收，那么我们可以说"这是公司统一安排送给客户的，每个人都有"。因为这些礼物上面印有公司的Logo，一般客户也不会太过拒绝。

当第三次见客户的时候，我们可以送一些水果、茶叶、瓜子等，如果客户问起来，就可以说是自己家种的或者亲戚送的，总之没有花钱，而且纯天然、无农药，只是想跟客户分享。

如此一来，每次我们去见客户的时候，客户都会从中得到一点利益，从而会在潜意识中增加对我们的好感，毕竟谁不喜欢收到礼物呢？在客户习惯接受我们的礼物后，登门槛效应就会慢慢发挥作用，为后续的沟通奠定基础。

2.投其所好

每个人都有自己的喜好，如果是自己不喜欢的东西，我们大概率会拒绝，但如果是自己梦寐以求的东西，则很难开口拒绝。因此，如果你想送给客户一个他无法拒绝的礼物，则要提前摸清他的喜好，直接送到他的心坎上。

那么，怎样知道客户喜欢什么呢？这就要求我们练就两种技能：“千里眼”和“顺风耳”。

什么叫“千里眼”？其是指在拜访客户的时候，要注意观察，明察秋毫。观察什么呢？我们可以观察客户的衣着、配饰，办公室的装修风格，家里的摆件等。有一次，我去拜访一位公司的老总，发现他的办公桌上摆着一叠厚厚的宣纸，闲聊之中，他也透露出了对书法的痴迷。

于是，在第二次拜访他的时候，我特意带上了从安徽宣城购买的特色宣纸，虽然这款宣纸并不贵重，但在爱好书法的人眼中是难以拒绝的妙物，于是他欣喜地接受了，我们也以此为话题展开了沟通，最终顺利达成了合作。

除了“千里眼”，我们再来说说“顺风耳”，其是指要耳听八方，学会用心聆听客户讲话，精准地捕捉客户透露出的重要信息。我们在与客户交流的过程中，可以询问客户平时的喜好。如果客户说喜欢钓鱼，那就送他与钓鱼相关的东西；如果客户说喜欢绘画，那就送他与绘画相关的东西；如果客户说喜欢徒步旅游，那么送他一些户外用品或装备绝对错不了。

相信你一定听过一个成语，叫"爱屋及乌"。如果客户那边不好打通，那么我们还可以送礼物给客户在意的人，如他的爱人、孩子、父母等。我们不仅可以送有形的礼物，还可以送无形的服务，这就要靠自己灵活把握了。

3. 弱化送礼行为

客户为什么不愿意收礼？如果我们想象一下客户的心理，就很容易理解了。在客户看来，"吃人嘴软，拿人手短"，如果收了你的礼物，以后拒绝你的时候就不好意思开口了（这确实是我们的目的之一）。因此，如果你在交易的过程中，刻意地给客户送礼物，那么很可能会让他反感，感觉自己被人控制了。

即使你送礼确实是为了将来生意的达成，但也不能表现得太过明显，更不能今天送了礼，明天就要求客户给予回报。否则，这样功利的行为会把原本不错的客户关系搞破裂。

我们在成交的过程中要学会弱化送礼的行为，不要让客户感觉到我们太强的目的性，这样才能消除他们的防范心理。

4.态度友善，言辞勿失

大多数时候，送礼是一件比较私密的事情。但不要鉴于这一原因，就给人做贼心虚的感觉，送礼时东张西望，说话紧张，客户本就怀疑送礼人有不良动机，当我们这样表现时，只会让对方更加觉得"此人心里有鬼"。你觉得在这种情况下，他还会收下你的礼物吗？

因此，我们在送礼时要特别注意态度、动作和语言表达。我们要用自然且不失礼貌的话语表达自己的意思，让客户感受到我们的真诚。有些小伙伴在给大客户送礼时通常会说"区区薄礼，请您笑纳""这是一点小意思，请您收下"等，这类话语太过客套，并且直接表达自己的想法其实是不合适的。因为客户一听这些话就知道有下文，这些话包含求人办事的意思。

当然，我们也不能趾高气扬，摆出一副"我送给你的礼物非常昂贵"的姿态。你既然是去给他人送礼的，就要把自己的姿态放低点，如果你这样说，无疑会让对方有心理压力且十分反感。对方会觉得"重礼之下，必有所求"，万一超出了自己的能力和职责范围，甚至违反自身原则，那就更不敢收你的礼物了。

除此以外，我们也要明白，即使客户收了礼物，也不一定会顺利成交，我们应降低自己的期待，以一种十分平和的心态与客户交往。你要相信，不管在什么情况下，人与人之间的交往都是真心换真心，只要你真心付出了，客户就一定能感受到，并会在合适的时机给予回报。

当你真正掌握送礼的技巧后，我相信你不仅会拿到订单，更重要的是学会了怎样与他人相处，并且会让你和客户的关系更加融洽。

（二）像老朋友一样聊聊天

一般来说，新人入行的时候要学习一些与客户聊天的话术，以加固客户的决策和信心。不过，有些人可能感到十分疑惑，觉得销售话术说起来非常不自然，为什么不能像聊天一样想说什么就说什么呢？

首先，良好的话术可以使成交更顺畅。在生活中，有些销售人员让我们厌烦和排斥，他一开口就让人不想再听下去了；而有些销售人员深受人们欢迎，聊了几个小时还不过瘾。造成这一现象的主要原因在于他们说话的方式。

其次，话术可以衡量一个销售人员是否优秀。每个顶级的销售人员都有一套自己的销售话术，当面对不同的客户时，再随机应变。即使是同一套话术，从不同的人嘴里说出来也会有截然不同的效果。讲话是每个小伙伴都需要修炼的基本功。

最后，良好的话术可以让成交更快。如果你不想在与客户沟通的过程中，陷入无话可说的尴尬局面，掌握一些实用话术真的很有必要。当掌握话术后，即使遇到非常难搞的客户，你也会照样沟通自如。如果你能在心中模拟这些话术的应用场景，提前做好准备，那么去面对客户的时候，也会让你信心倍增，气势爆棚，为下一步的成交打下良好的基础。

下面，我们就来看一看以下几种必备的沟通话术。

1.描述客户的现状

一把大锁挂在大门上，任谁耗费九牛二虎之力，都无法将它撬开。这时，钥匙来了，只见它钻进锁孔，轻轻一转，大锁就立刻打开了。大家问它："为什么我费了那么大的力气也打不开，你却轻而易举地打开了呢？"钥匙笑着说："因为我最了解它的心。"

有些小伙伴在与客户沟通的时候非常急切，见到客户恨不得第一句就问："贵公司需要我们的产品吗？"这样的开始，无疑是聊天的死穴。试问一下，你喜欢接骚扰电话吗？你一定不喜欢，因为打骚扰电话的人一上来就推销产品，有时甚至都不知道对方是男是女，所以人们非常反感接到骚扰电话。

因此，小伙伴们一定要记住，想要与客户建立深度的连接，首先也是必须做的事情就是站在客户的立场来描述其现状。

2.表示认同和理解

认同和理解是产生影响力的重要工具，每个人都希望得到他人的认同和理解，表示认同和理解可以帮助你说服他人，左右他人的行为。在销售过程中，获得对方的认同和理解同样重要。可以说，在成交环节，有很大一部分交易是因为认同和理解达成的。若客户没有认同感，再好的产品也可能卖不出去。

有一次，因市场开发的需要，我要去拜访某电力分公司的总经理，这是一个知名度很高的人物，如果贸然打电话过去预约拜访说"我这里有一份能帮您省数万元的技能改造技术，想给您送去"，那么毫无疑问，该总经理的第一反应应该是"我没时间"或"我不需要"。如果他真的这样回复，预约就会失败。

因此，我没有贸然打电话预约，而是通过网络查看了这个总经理的一些资讯，然后预判了他的年龄和符合他年龄及身份的需求，然后面带微笑，以平和而真诚的态度拨通了他办公室的电话。

我："请问是岳总吗？您好！我是××技术公司的工作人员，您发表在××期刊上的那篇文章我看了好几遍，您写的文章很深刻，对我公司和我都有很大的启发与工作上的指导意义。"

岳总在电话里客气了一下，但我能在电话这头感知到我说的话对他还是很受用的。因此，我继续说："岳总，我仔细阅读了您的文章，有两个小小的建议，您看您这周什么时候有时间，我想向您汇报一下。"对方马上在电话里和我约定了见面的时间。

小伙伴们，在刚才的案例里，你们看看我在哪里做了有关认同感的阐述？

除了以上两种沟通话术，还应注意以下两点：一是帮助客户找出出现问题的原因，二是分析原因并给出具体解决方案。这两点就不展开分析了。

为什么我着重讲了描述客户的现状、表示认同和理解这两种沟通话术呢？因为这两种沟通话术是开启销售之门的钥匙，只要你打开了销售之门，接下来客户大概率会让你分析具体原因，你就可以适时给出解决方案，从而完成订单了。

小伙伴们，当你们用以上沟通话术与客户聊天的时候，会发现销售其实就是如此简单，简单到就是几句话的事情。你学会了吗？

五、敢于"逼单"，让客户主动找你的成交话术

在销售过程中，我们总会遇到一些犹豫不决的客户，这时候我们就需要进行"逼单"，以达到成交的目的。

"逼单"作为销售的收尾工作，是销售过程中特别重要的一环，它就像足球赛场上的"临门一脚"，直接决定着胜负。在生活中，利用"逼单"来促进成交的例子随处可见。比如，在商场中，很多促销员嘴里喊着"今天促销最后一天""今天购买五折优惠"等。现在很多直播平台上也有人在"逼单"，比如"此刻下单，主播给您赠送礼品"等。

通过分析对方的心理、性格，站在对方的角度考虑问题，我们可以轻易找到对方的"命门"。在直接请求帮助不奏效的情况下，激将法或许是一个不错的选择。假如可以在对方的心里刺激出一种急迫的需求，并且可以对这一需求进行引导，你就可以顺利成交。

对一名优秀的销售人员来说，"逼单"有多种方式，有明显的，有不明显的；有直接的，有间接的。在使用这一技巧时有一个前提条件，就是要把握好"逼单"的时机。只有当客户进入成交阶段，并且对产品具有浓厚的兴趣和极强的购买欲望，同时有足够的经济实力和直接决策权时，我们才可以采用这种技巧促成交易。

如果操之过急，盲目地采取"逼单"行为，那么只会把客户逼走，提前结束交易。成功的"逼单"究竟是如何完成的呢？

（一）请将不如激将

我们在工作中，经常碰到客户说"我考虑考虑"，每当这时，心急的小伙伴就想"逼"客户一把。你千万不要这样做。如果你此时逼单，那么很可能是无效的。

当客户犹豫不决的时候，我们可以从以下几个方面采取行动。

第一，态度和蔼，面带微笑。面带微笑的人总会让人感到很温暖，所以无论销售进行到哪个阶段，我们都不要忘记微笑。

第二，点头示意认同客户，同时要表达自己对他的理解。

第三，找到客户有疑虑的地方，如价格、服务等，进而有效地解决问题。

第四，提出新的问题来引导客户，如"我们有一款新产品正好能帮助您解决问题，您要不要试一下？"。

第五，把客户的关注点转移到价值上。

销售人员要展示产品的品牌、文化背景、价值等。只要我们稍加留意就会发现，世界上非常有名的包、手表、汽车、皮带、化妆品等，根本没有大量的销售人员在朋友圈推销或者一对一推销，而这些产品并不会因为没有大规模推销卖不出去。

事实上，人们在出国时，大多会主动购买各种国际知名产品。请想一想，有没有人进了星巴克喝咖啡觉得几十块钱一杯很贵？他们会不会和超市十几元的咖啡进行对比？不会。因为在大众心中，他们所消费的是品牌，追求的是生活质量。可见，品牌价值已经得到了客户的认可，品牌能使自家的产品和他人的产品区分开来，使产品从竞争中脱颖而出。

因此，当客户因为价格犹豫的时候，我们可以转移客户的思维，将品牌故事、品牌文化植入，让客户了解产品的价值，进而促使客户做出成交决定。

第六，反复提醒客户自己所拥有的优势。

有的销售人员明明手里拿着好牌却打得很烂，归根结底在于与客户沟通的过程中不会进行"优势谈判"，优势谈判是"逼单"过程中的铺垫，下面我们来着重讲一讲怎样进行优势谈判。

首先，要在开始谈判时创造优势。

开局阶段是十分重要的，直接影响着谈判的走向和谈判的成败。在确定开局策略之前，销售人员应该对各方面情况做出准确的评估。在此基础上，销售人员再进一步对谈判做出规划。在进行谈判时，有以下两点供大家参考。

（1）在谈判开始时，开出高于自己预期的条件，这样才能在最后成交的时候显得你很有诚意。当你开出高于自己预期的条件时，等于有了较大的谈判空间。退一步说，万一对方直接同意了呢？作为销售方，开出高价也能够提高自家产品在对方心中的价值。

（2）在谈判过程中，要想办法让对方先亮出条件，尽量避免先透露自己的预期条件，再根据对方的条件给出折中方案，从而占据主动权。

其次，无论是报价还是还价，第一次不要接受。如果对方直接接受报价，不要表现得特别惊讶。如果对方给出报价，就应该表现出惊讶的样子，否则他们会觉得你可能接受这样的报价，从而变得更加强硬。

再次，在报价之前，你可以表现得有点不情愿，从而充分挤压对方的谈判空间，让自己获得主动权。想象一下，你正在清理自己的游艇，心想这艘游艇买得太不值了，一年只使用几次却得不停地保养，要是能卖掉就好了。这时一家三口往这边走来，表示游艇很漂亮，希望能够拥有一艘。即便你愿意立即将游艇卖给他们，也不能表现出来。这时你可以说："我也非常中意这艘游艇，我还没想过把它卖掉，不过没关系，上来看看吧！"这可比"啊，那太好了，我早就想把它卖掉了"效果好得多。

最后，我们来介绍一个非常有效的谈判策略：钳子策略。这个策略应用起来并不难，你只需要向对方发出调整的指令，然后保持沉默就好。比如，你只需要告诉对方"我觉得你们能够做得更好"或者"我想您应该可以给个更好的价格"即可。这是什么意思？就是你在给对方施压，无形当中你就成了甲方，获得了主动权。

通常情况下，那些没有太多经验的谈判者会立刻做出让步，因为你在气势上已经占据了上风。

当然，如果你察觉到有人向你使用"钳子策略"，那就采用"反钳子策略"，比如你可以重新把问题抛给他："您到底希望我给出一个什么样的价格呢？"这样就迫使对方不得不给出一个具体的价格。因此，谈判中经常使用的一个技巧是不要先亮出你的底牌，想办法让对方先说出预期，这样你会更有把握获得成功。

（二）改变态度，让客户冷静思考

古人云："行百里者半九十。"收尾时的沟通不能掉以轻心，否则会前功尽弃，徒留遗憾。你以为谈判结束，达成共识了，实际上人家还留有后招呢。

研究表明，一个人一旦做出了某个决定，他的大脑就会不断强化这个决定。因此，只要把握好时机，你就可以在谈判即将结束时，让对方答应一些最初回绝的条件，如升级产品、购买更多服务等。

这就是蚕食策略。当对方向你使用这一策略时，不要慌，你只需要在保持礼貌的前提下，让对方觉得"这样做很没档次"即可。此外，你还可以以书面形式告诉对方其他服务的价格，同时不要让对方感觉到你能做决定。当然，你也可以在谈判结束时对所有的细节问题进行总结，并想办法让对方觉得赢了这场谈判。

如果你遇到了同时和对方两个人谈判的情况，那么要注意识破谈判中经常使用的十分有效的策略，即"白脸-黑脸策略"，也就是他们中的一个人给你施加压力，扮黑脸，另一个人保持和善，讲道理，扮白脸。当然，你也可以使用这一策略，其可以帮助你在不导致对方产生对抗情绪的情况下，成功向对方施压，使其做出让步。

没错，即便到了终局谈判，依然会涉及让步问题，就拿确定价格来说，双方会多次对价格问题进行谈判。若你采用让步的方式，通常会在对方心里形成一种固定期待，或者说是一种惯性期待。一件2000元的商品，你第一次让步600元，第二次让步400元，到了第三次对方很可能认为你还能让步100~200元，如果你无法让步这么多，就会陷入尴尬的局面，即便你告诉他已经是最低价了，他也很有可能不相信。因为你在最后一步做出的让步仍然较大。因此，不要在最后一步做出较大的让步，这可能会激起对方的敌对情绪，你也不能逐步提升让步幅度，那无异于"自取灭亡"。

此外，常见的"一口价"其实也是一种陷阱，客户可能对你说："我们一向认真对待供应商，从来都是一口价，我不想讨价还价，你只要告诉我最低价是多少，我会痛快地告诉你答案。"事实上，他在撒谎，当他向你说这番话时，他本身就在讨价还价，看是否能够在正式谈判开始前把价格压到最低，所以千万不要上当。

谈判总归是一场博弈，人人都难以避免决策失误，当你发现由于种种原因不得不结束谈判时，收回条件就是一种很好的结束方式。

（三）善意"威胁"，缩短成交时间

相信大家在与客户沟通的时候，一定遇到过一些看上去"没有决定权"的人，他们往往会告诉我们"需要请示一下上

级""等一等才能答复",并再次让我们开出更好的条件。实际上,他们真的需要请示上级吗?不一定,这可能只是他们推迟成交的一种手段。

当沟通陷入僵局时,不妨尝试采用以下方式做出一些调整,从而缩短成交时间。

1.活动式逼单

活动式逼单是指通过限时、限额、限先后、限特权等限制性或稀缺性活动政策来进行"逼单"。因为人们往往对得不到的东西念念不忘。在购买物品的时候也是一样,越买不到,越极其想要。这样一来,一旦他有了购买的机会,就会立即采取行动。

因此,我们可以利用客户这种"怕买不到"的心理,采用限数量、限时间、限服务、限价格等方法,让他心里痒痒,从而促使他尽快做出购买决定。

比如,你可以对客户使用以下话术:"今天是活动最后一天,如果您再不做决定,明天就要恢复原价了""这款商品已经有人看上了,如果您今天不交定金,我就没办法帮您留住了""您的购买资格明天就没有了,如果您再不决定,明天想买也买不到了"。这样客户极有可能会自动付款。

2.步步紧逼

很多客户已经有了强烈的购买欲望,但在购买产品之前,总是犹犹豫豫,下不了决心。这时我们可以直接一点,采用步步紧逼的方式，通过不断发问，让客户说出自己的顾虑，从而成交也就成为很自然的事了。我们一起来看看下面的销售场景。

客户："我挺喜欢这款产品的，不过我想再考虑考虑。"

销售人员："没有问题，买东西之前一定要考虑好，我能看出您对这款产品还是挺感兴趣的，否则也不会这么纠结，对吗？"

客户："是的。"

销售人员："那您现在纠结的点是什么？是价格吗？"

客户："不是。"

销售人员："那是不相信我们公司的信誉度吗？"

客户："也不是，就是买回去不知道怎样搭配。"

你看，该销售人员就采用了步步紧逼的技巧，不断发问，最后让对方说出他所在意的问题。

如果你看出客户真的想买，却又无法下定决心，那么还可以退而求其次，建议客户先少买一些试用，只要你对产品质量有信心，客户很有可能会成为你的回头客。

3.欲擒故纵

有些客户天生警惕性比较强，虽然对产品感兴趣，但如果你催得太紧，也会让他们产生逆反心理，觉得你肯定不怀好意或有什么陷阱。

这个时候你可以反其道而行之，先退一步，在恰当的时候假装放弃，比如做出要离开或放弃这笔交易的样子，一边收拾东西一边用惋惜的语气说："那您再考虑一下吧，不过呢，明天我就要去深圳开拓新市场了，到时候就没有时间为您服务啦！"受这种话术的影响，客户也许会下定决心购买。

4. 假设购买

在沟通即将结束时，销售人员不用跟客户确认是否决定购买，而是假设客户已经做出购买决定，如直接拿出订单或合约，并开始在上面填写资料。如果客户没有制止，则说明他已经同意成交；如果客户制止了，那么你也可以给自己一个台阶下，说："没关系，我只是走一下流程……"

当然，你也可以直接拿出收款码，说："您是支付宝支付还是微信支付？"

这种方式的优点是客户不易察觉、很少有排斥感，但采用这种方式的前提条件是客户购买的时机已经成熟，否则容易让客户产生被逼迫的感觉，从而放弃交易。

其实，促进客户成交的技巧还有很多。不过，无论你选择使用哪一种技巧，都要尽量做到不着痕迹，让客户感觉你只是在完成工作，而不是在设陷阱。归根结底，成交是一件你情我愿的事情，只是需要我们使用一些催化剂。在"逼单"过程中，只要做到张弛有度，客户的购买意愿强烈，其自然会主动签单。

六、有序退出，下一次成交的开始

如果说在整个销售过程中有什么素养是我们必须具备的，我想有两个：第一个是坚持，第二个是有礼有节。

尤其在成交的最后一步，两个人在沟通之后能够达成合作意向，顺利成交，自然皆大欢喜，但是如果我们尽力沟通之后，客户依然选择了拒绝，我们又该以什么样的态度去对待他们呢？

（一）"新粉"变"铁粉"

对销售人员来说，如果有什么事情几乎每天都会碰到，那就是被客户拒绝。

有些小伙伴心理比较脆弱，尤其是当跟进了很久的项目没有完成时，就会感到十分受挫，甚至会因此丧失斗志。然而，对顶级销售来说，客户所说的"不"字从来不是拒绝的信号，而是下一次成交的开始。

客户暂时拒绝只是在表明自己的立场，这是十分正常的，销售人员只有摆正心态，才能见到最后的曙光。那么，我们应该怎样做呢？

首先，坚持到最后一步。

我刚入行的时候，一位前辈对我说了这样一句话："客户把我从门口推出来，我就从窗户爬进去。"我当时还不太理解，觉得这种态度太卑微，但经过无数次磨炼之后，我终于明白，有时候成事不在于事情的大小，而在于坚持了多久。如果你没有坚持到底的决心，那么很难在这个行业里做出成绩。

艾柯卡22岁以推销员的身份加入美国福特汽车公司，经过不懈努力，他于36岁当上了福特汽车公司的总经理，46岁升为总裁。然而，他54岁时被亨利·福特开除了。

就这样，在为福特汽车公司工作32年之后，艾柯卡失业了，但他没有放弃，他想起了自己的座右铭："奋力向前，即使命运不济，也永不绝望，哪怕天崩地裂。"

很快，他接受了一项新的挑战，来到濒临破产的克莱斯勒汽车公司出任总经理。事实再一次证明了他的才华，他不仅还清了所有的债务，还带领这家公司走出了困境，重振雄风。如果艾柯卡不是一位懂得坚持的人，我想就不会有那么多精彩的故事了。

网络上曾流行这样一句爱情格言：99步是爱情，最后一步是尊严。这句话的意思是，你向某人表白99次，如果对方还不答应，最后一次为了尊严就应选择转身离开。这句话虽然听上去有些道理，但是在现实生活中经不起推敲，既然都坚持99步了，为什么不能再坚持一下呢？也许对方正是到最后一步，才能看出你的诚心。

尤其在销售工作中，绝对不能轻言放弃。

我们可以把整个销售过程想象成舞台表演，看过话剧表演的人都知道，表演结束后，在帷幕完全落下之前，演员一直保持着谢幕的姿势，这不仅是对观众的尊重，也对自己职业的尊重。

我在工作中看到过形形色色的销售人员，如果客户表现得粗鲁无理，有的销售人员就会立马回绝客户，若客户拒绝成交，他甚至会把客户拉进黑名单。有的销售人员跟进客户几天就没有耐心了，暴露出了职业素养问题，以至于长时间总是在不断寻找新客户，从而导致在重复和碌碌无为中虚度年华。

如果你想有所成就，就应该学会坚持久一些，哪怕客户每次都拒绝，哪怕客户已经表示不想合作，但是坚不坚持是你的事情，只有坚持事情才有可能出现转机。

其次，要做到有礼有节。

除了坚持，我们还要学会在整个销售过程中表现得有礼有节，通过优雅的谈吐彰显职业素养。不管最后结果如何，都要时刻注意自己的谈吐，自始至终给客户留下有修养、值得尊重和交往的良好印象。

在与客户交往初期，优雅的谈吐可以表现出对客户的礼貌、尊重，能给客户留下良好的第一印象。当我们第一次见到客户、跟他们说第一句话，就是一次交易的起点，我们的一言一行往往会为沟通定下基调，甚至决定其成败。

有一天，一位老人走进一个家居卖场，左看看、右瞧瞧，一个推销员觉得他不是目标客户，就有些不满地招呼道："喂，你想买点什么？我们这里摆放的都是样品，只许看不许摸！"老人顿时觉得自己受到了冒犯，不高兴地说："你这人怎么说话呢？不买就不能体验一下吗？"推销员也不甘示弱："我这里是卖东西的，不是你们家客厅，想逛就逛！"一句话把老人气得说不出话来，立刻将他投诉了，并且在另一家店里为儿子选购了结婚需要的家居用品。

在与客户沟通时，我们应尽量避免使用负面或具有否定含义的词语，以使沟通更顺畅。试想一下，如果我们总是打断客户、鲁莽地询问客户、生硬地回复客户问题，客户又怎么会对产品产生兴趣和购买欲望呢？

最后，也是十分重要的，在与客户沟通的后期，也要做到有礼有节、有序退出。一项调查表明，约70%的销售人员在被客户拒绝后，无法做到依然保持君子风度。他们刚开始对客户彬彬有礼是为了最后的成交，当计划落空时，积压在心底的不满就会表现出来，甚至会对客户恶语相向。

这种做法是十分不可取的，不仅是因为这种做法不符合销售人员的基本素质，更说明其没有长远的眼光，不是一名合格的销售人员。

俄罗斯文学家赫尔岑曾说过："生活里最重要的是要有礼貌，这比一切学问都重要。"在销售过程中，一个人能否做到对客户态度始终如一，成不骄、败不馁，是衡量销售人员是否合格的一项重要指标。

虽然这次成交失败了，但并不代表这个客户已经不属于自己了。即使这次没有成交，作为销售人员的我们也要给客户留下有礼有节的印象，这对以后的工作开展具有非常大的作用。

俗话说"买卖不成仁义在"，不管客户成不成交，我们都应该始终保持积极的态度，做到善始善终，这样才能为下一次成交打下基础。

（二）人性化售后让客户更忠诚

曾经有人做过这样的实验，给每个人发一张白纸，提供相同的口令让他们折纸，但是结果发现大家折出来的东西不一样。为什么会出现这种情况呢？

因为人与人之间具有思维差异、文化差异等，我们做事的时候会采取截然不同的思考方式，从而产生了不同的结果。

在销售过程中及成交之后，销售人员难免会遇到客户抱怨、质疑、投诉等，这在销售界一般被称为"客户的异议"，这是非常常见的现象。

我经常对刚入行的小伙伴说，成交不是一场交易的结束，而是新的开始。因此，当你遇到客户提出异议甚至反对、投诉时，不要灰心丧气，而是应该把其看作成功的必要条件。在销售过程中，不怕客户"叽叽喳喳"，而是怕遇到"闷葫芦"，也就是"无论你说什么，都只听却不发表任何意见"的客户，因为你无法了解他的真实想法。

如果客户在成交前提出异议，证明他认真思考了你说的话，并对你的产品产生了兴趣，俗话说"挑剔的才是真买家"，如果他完全不感兴趣，可能连一句话都不会和你说。因此，客户异议的背后，其实隐藏的是成交的希望。

如果客户的异议出现在成交之后呢？前文说了，做事要有始有终，这样才能给自己争取到机会。那么，如果在成交之后客户提出了异议，我们应该怎样做呢？

首先，要学会辨别信息的真假，不要一收到异议就立刻给予回应。

比如，有的时候客户给予差评只是因为他当时心情不好，想发泄一下心中的苦闷，这种情况大可不必较真，一笑而过即可，倘若你费心费力地给他讲道理，而对方想做的只是发泄情绪，问题就复杂了。不过，为了安抚对方，你可以说几句理解的话，这样事情就能得到有效解决。

其次，如果客户真的有需要解决的问题，我们应该怎么积极应对呢？

一般来说，客户提出异议的原因有三个方面：客户的认知，销售人员的问题，产品的问题。下面我们来分别进行解释。

当客户提出异议时，销售人员一定要清晰地知道，导致客户产生异议的原因究竟是客户的问题、沟通的问题，还是产品的问题。

如果确实是我们的工作出现了失误或产品出现了质量问题，那么一定要积极回应，我们可以采用一些话术来解决问题。比如，我们已经与客户签订了合同，然而已经到了交货时间，客户仍然没有收到产品，于是打电话来质问："都已经过了一个星期了，还没有收到产品，如果今天再不到货，我就不要了！"这个时候我们应该怎么办呢？

我们首先要表示理解客户，避免客户的负面情绪升级，导致事情陷入无法解决的境地，然后我们可以适当地表达自己的难处，最后说弥补办法。比如，我们可以说："我知道您很着急，我也很着急，今天给厂家打了30多个电话，那边说高速封了，所有的货都堵在了高速口，只要一解封，立刻安排给您送货。为了补偿您等待的时间，我们会给您赠送一张代金券，您看可以吗？"

一般来说，采用这样的话术，就可以浇灭客户的怒火。在处理客户异议的时候，我们一定要注意，不能冲动地反驳客户，而是要认真倾听客户的反馈，从"引发异议的要素"方向展开思考，看究竟是哪个环节出现了问题。

如果我们能在这一步安抚好客户的情绪，不仅能解决客户的问题，也会加深客户对我们的印象，促使他们进一步对产品进行宣传，为下一次成交打下良好的基础。

再次，我们可以采用"优势替代"的方法去处理客户的异议。什么意思呢？简单来说，就是用产品的优点弥补它的劣势，以让客户心理平衡。

这种办法一般适用于客户对产品产生不满，提出产品有哪些不足或者劣势时，我们不能回避问题，但也不能跟着客户否定产品，而是要在认同客户意见的基础上，淡化产品的劣势，用产品的优点来弥补它的劣势，让客户心理平衡一些。

小伙伴们，每个人都不是完美的，在销售过程中，我们应该将心比心、求同存异，通过找出出现问题的原因，引导客户的情绪从消极转向积极，若你表现出了诚意，客户一定可以感知到。

销售是一门艺术，也是一个过程，在漫长的销售生涯中，每个人都会遇到坎坷，但是只要你有一颗坚持到底的心，相信你一定会创造属于自己的奇迹！

成交关键词：转化

成功的销售人员要有"点石成金"的能力，这样才能掌控成交的全流程。其中，做到掌控成交节奏的关键在于对转化能力的修炼。

- 成交初期：将潜在客户转化为成交客户。

在销售过程中，如果有人只是进你的店铺逛逛，或者找你咨询产品问题，这种人叫作潜在客户；如果有人跟你最终成交，就叫作成交客户。其中，潜在客户转化为成交客户的比例，就叫作销售转化率。一个人的销售转化率较高，说明这个人的沟通能力和销售能力较强。

那么，如何提高销售转化率呢？

首先，从挑选客户入手，聪明的销售人员不会完全凭直觉寻找目标客户，而是会对客户进行基本的鉴别和分类，直接与有意愿的客户进行接触，并且建立融洽的关系。比如，一个成人英语培训机构要招生，他会去哪里发传单？是高档写字楼门口还是小学门口？答案当然是前者。因为在高档写字楼上班的人员对英语学习的需求比去接孩子的家长紧迫。

要知道，没有任何一款商品可以满足所有客户的需求，所以你需要从茫茫人海中找到自己的真客户，这样才能获得较高的销售转化率。

其次，要想建立良好的客户关系，从而提高销售转化率，还要懂得一些销售心理和沟通技巧。这些我们在前文中有比较详细的讲解，这里不再赘述。

● 成交中期：将消极情绪转化为积极情绪。

我经常听小伙伴抱怨，不是这个项目不好做，就是那个客户事情多，其实这个世界上不存在完美的客户，我遇到的客户都有自己的特点。可能有的小伙伴会说，哪里是什么特点，分明是各有各的"难搞"之处！然而，我还是愿意称之为"特点"。

就像世界上没有两片完全相同的树叶一样，我们永远不会遇到两个完全相同的客户。这是销售的困难之处，也是这项工作的有趣之处。任何事情、任何人都具有两面性，如果我们只看见了客户"难搞"的一面，就会被这种情绪牵着鼻子走，甚至打乱我们的成交节奏。

这个时候我们需要及时调整情绪，将消极情绪转化为积极情绪。这样我们才会有足够的能量去针对每个客户的特点，制定出个性化的销售方案。

做同一件事情，为什么有的人成功率比较高，而有的人成功率比较低呢？区别就在于能否分析出事物的本质。客户需要的到底是什么？你只要围绕他的需求去生发你的能量，去帮他实现愿景，那么你成功的概率自然会高。

● 成交后期：将客户异议转化为进步机会。

在成交后期或者成交之后，面对客户的投诉与建议，我们也要学会转化，因为异议既是交易的障碍，又是很好的机会。

俗话说"良药苦口利于病，忠言逆耳利于行"，这是连小孩都懂得的道理，可是大多数人还是更喜欢那些称赞自己的人，而不太喜欢那些对自己不满的人，尤其当被人直接指出缺点或遭受批评时，很多"玻璃心"的人觉得颜面扫地。

然而，"道吾好者是吾贼，道吾恶者是吾师"。他们之所以对我们不满或对产品不满，一般是因为我们自身或产品有令他们不满的地方，而这些令他们不满的地方，又恰恰可能是我们没有发现的。这让我想起了一则故事。

历史上有一个叫阳子居的人，有一天，他来找老子学习。老子看了看他，首先表达了自己的不满："我本来以为你是可以被教导的，可是看到你的样子，我觉得并不是这样的。"

阳子居心中有些不快，但是还是跟着老子来到了旅社。他把洗漱用品都给老子准备好，然后又规规矩矩地把鞋脱在门外，跪在老子的面前说："请问先生，现在能否指出我哪里不好呢？"

老子说："你总是一副不可一世的样子，总是仰着头，这样谁敢与你亲近呢？真正有内涵的人并不会自傲，反而会觉得自己身上是有污秽的，一个有德行的人不会自以为是，反而会觉得自己身上有许多缺点。"

阳子居听后恍然大悟，决定正视自己的缺点，好好反省自己，按照老子的教导去做。阳子居第一次来的时候，旅社里的人对他心怀畏惧，所以毕恭毕敬，不敢和他多说什么。等到阳子居将要离开的时候，已经变得平易近人多了，旅社里的人已经愿意和他坐在一起有说有笑了。

若他人对我们心怀不满，大多数情况下我们是可以从自身找到原因的。也许是因为我们的傲慢自负让他人十分反感；也许是我们做事不周全，无形中使他人对我们有了成见。倘若我们能够虚怀若谷，并且真诚相问，就不会失去自我成长的宝贵机会。

销售人员更应该学会利用自身积极与正面的因素，去抵制消极与负面的因素，这样才能将坏事变成好事，而不应该一直将自己禁锢在坏事与负面的情绪中，自己画地为牢。

知识是学出来的，能力是练出来的，智慧是悟出来的，成功是做出来的。你或许可以复制他人的知识，但复制不了他人的智慧，更复制不了他人的成功。即便你侥幸"复制"了，但也"粘贴"不了，希望小伙伴们都能积极成长，早日使自己从一个业内小白升级为金牌销售。

成交关键词：归零

提起销售这一职业，很多人心中都有一个刻板印象：一身西装，说起话来充满套路，尤其是做销售时间比较长的人，甚至会给人一种"老油条"的感觉，简而言之就是销售版的"油腻"。

为什么会出现这种现象呢？如果你仔细观察就可以发现，一个人"油腻"与否其实与年龄无关，尤其在职场中，一旦他熟悉了环境，不再有好奇心和进取心，每天以混日子的态度工作，就会给人不好的印象。

网络上有人总结过"油腻"的销售人员的几个典型特点，你不妨对照一下，看自己是否存在？

（1）停止成长和学习，不会为了提升自己的业务能力而付出任何努力。

（2）躺在功劳簿上，追忆光辉岁月，一张嘴就是"想当年我怎样怎样"，再也不去追求新的成就。

（3）好为人师，喜欢对他人说教，经常以"前辈"的身份使唤"后辈"，让他们为自己做事。

（4）态度消极，总是对公司有诸多不满，却又不主动想办法改变。

（5）"职场交际花"，不热衷提高自己的业务能力，却热衷和同事八卦。

（6）固执守旧，抵触新事物，对新兴的营销手段不屑一顾，也不愿意花精力学习。

（7）傲慢自恋，出了问题都是他人的错，从来不在自己身上找原因。

我知道在职场上，一些人没有什么大志向，只是想图个稳定，所以让自己卡在不上不下的位置，甚至变得逐渐"油腻"起来。需要知道的是，在销售行业中，可谓"逆水行舟，不进则退"，我相信每个将销售工作作为自己终身事业的人，都不是平庸之辈，更不希望自己成为混迹职场的"咸鱼"。

那么，我们应该如何做才能避免成为一个"油腻"的销售人员，始终以职场新人的清新姿态勇敢前行呢？

其实，解决这个问题的方法很多，如遇事不抱怨、保持工作热情、主动学习等，但是我认为这些都是具体操作层面的方法，要想真正解决这一问题，还是要保持归零的心态，也就是我们常说的"空杯"心态。

古时候，一个佛学造诣很深的人，听说某个寺庙里有位南隐禅师，非常德高望重，便去拜访。

南隐禅师的弟子接待他时，他的态度十分傲慢，不说一句话。等到落座之后，南隐禅师特地为他斟茶。倒茶时，明明杯子已经满了，禅师还不停地倒。他终于撑不住了，提醒道："禅师，为什么杯子已经满了，您还要往里倒呢？"

禅师停了下来，说："是啊，既然已经满了，为什么还倒呢？"意思是，你既然脑袋里已经装满知识了，为何还要来找我呢，你不让杯子空掉，我又能教会你什么呢？

我见过很多业绩非常好的金牌销售，因为"想要赚更多的钱""想过更富裕的生活"，在奋斗初期，凭借这些欲望带来的强大动力，将事业引向了成功。然而，这种巅峰状态并没有维持多久，他们十分傲慢，后来因此栽了跟头，又重新变得平淡无奇。

请不要得意忘形，保持一颗平常心。这是归零心态告诉我们的真理。平常是简单和真实的基础，更是保持人生不走下坡路的条件。希望大家保持头脑清醒，理性地认识自己的优势和劣势。

除此以外，在逐步走向成功的路上，很多人会陷入一种困境，那就是活力丧失了。简而言之，就是没有激情了，而销售是一个需要激情作为底色的工作，如果没有激情，那么再厉害的人也会由此陷入瓶颈、困境，乃至于危机。这同样要求我们保持归零心态。

在武侠小说《倚天屠龙记》中，大概有一段这样的情节。张三丰向张无忌传授太极剑法，在演示完招式后，张三丰问张无忌："无忌，看清楚没有？"张无忌说："看清楚了。"张三丰赞许地点点头。过了一会儿，张三丰又问："还记着没有？"张无忌说："已忘记了一小半儿。"张三丰很高兴，接着问："现在怎么样？"张无忌说："已忘记了一大半。"过了一会儿，张三丰问："现在呢？"张无忌回答："我这下全忘了，忘得干干净净了。"张三丰笑着说："不坏不坏，忘得真快呀！"最终，众人得知，张无忌已经学成太极剑法了。

这则故事告诉我们：要想达到新的境界，应该忘掉经验，忘掉过去，主动归零，把自己的心空出来，如婴儿般，不自见、不自是、不自伐、不自矜、不自贵、不自生、不自为大，这才是真正的"无招胜有招"。

保持归零心态要求我们回到原始状态，重新定位自己的角色，积蓄新的能量。在生活中，并非时时都需要做加法，有时候需要做减法，"为道日损"，学会时时归零、时时更新，才能在归零的减法上承托起生命喜乐的加法。

前行不易，且行且珍惜。无论你过去的成就是大还是小，都已经成为过去，它不能成为你今天炫耀的资本或者自卑的原因。

你要想在有限的时间里攀登上属于自己的巅峰，就要敢于尝试新事物，开启新征程，时刻拥有从头再来的智慧和勇气。人生若一次次归零，就能一次次攀登上新的高峰，获得丰富的人生体验。